365
PIADAS
INCRÍVEIS

© 2020 Ciranda Cultural Editora e Distribuidora Ltda.
Produção: Ciranda Cultural
Revisão: Nathalie Fernandes Peres e Ciranda Cultural
Ilustrações: Tatiana Tesch e Flaper
Diagramação: Carlos Henrique Santos

2ª Edição em 2020
2ª Impressão em 2024
www.cirandacultural.com.br

Todos os direitos reservados. Nenhuma parte desta publicação pode ser reproduzida, arquivada em sistema de busca ou transmitida por qualquer meio, seja ele eletrônico, fotocópia, gravação ou outros, sem prévia autorização do detentor dos direitos, e não pode circular encadernada ou encapada de maneira distinta daquela em que foi publicada, ou sem que as mesmas condições sejam impostas aos compradores subsequentes.

SUMÁRIO

ALIMENTOS	6
ANIMAIS	14
CIÊNCIAS	26
ÉTICA	34
FAMÍLIA	48
GEOGRAFIA	62
HISTÓRIA	72
LOUCOS	80
PROFISSÕES	94
MATEMÁTICA	108
LÍNGUA PORTUGUESA	120

ALIMENTOS

No restaurante grã-fino:
– Garçom, esta lagosta está sem uma garra!
– É que as lagostas são tão frescas, senhor, que brigaram umas com as outras na cozinha.
– Pois, então, leve esta e me traga a vencedora.

ALIMENTOS

— Maria, vá ver se o açougueiro tem pé de porco.
A empregada sai e volta cerca de meia hora depois, anunciando:
— Não pude ver, dona Zilda, ele estava calçado.

No restaurante, o freguês chama o garçom:
— Tem uma mosca no meu prato!
— É o desenho do prato, meu senhor.
— Mas está se mexendo!
— Olhe! É desenho animado!

A criança na hora do lanche:
— Papai, eu não gosto deste queijo cheio de buracos.
E o pai:
— Então coma só o queijo e deixe os buracos no canto do prato.

— Doca, você ora antes das refeições?
— Não. Lá em casa não precisa. Mamãe cozinha bem.

Joãozinho entra na padaria e pergunta:
— Moço, tem pão?
— Só tem pão dormido – o padeiro responde.
— Então, acorde cinco aí pra mim, por favor.

ALIMENTOS

Na geladeira, um copo de vinho começa a insultar um copo de leite:
— Ei, branquelo! Você está muito branco, cara! Não tem vergonha dessa cor desbotada? Vá pegar um sol, faz bem pra saúde!
— Olha só quem vem falar de saúde. Logo você que prejudica as pessoas! Ataca o fígado, embriaga! Você só faz mal...
— Está bem! Tudo que você falou é verdade! Agora só tem um detalhe: a minha mãe é uma uva...

O pai se vira para o Joãozinho e pergunta, irritado:
— Joãozinho, há duas horas havia duas maçãs na geladeira. Você pode me explicar por que agora só tem uma?
— É que eu não vi a outra, papai, senão teria comido também!

A mãe: — Para que você quer dinheiro?
Juquinha: — Para dar a um velhinho.
A mãe: — Muito bem! E quem é esse velhinho?
Juquinha: — É aquele que grita: "Olha a pipoca quentinha!".

A garotinha experimenta pela primeira vez uma coalhada:
— Mãe, eu acho que essa vaca ainda não está madura!

ALIMENTOS

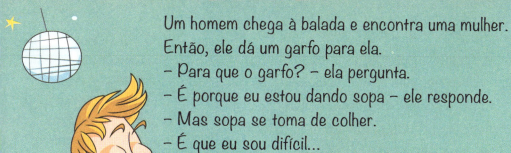

Um homem chega à balada e encontra uma mulher. Então, ele dá um garfo para ela.
— Para que o garfo? — ela pergunta.
— É porque eu estou dando sopa — ele responde.
— Mas sopa se toma de colher.
— É que eu sou difícil...

O "cenouro" chega para a cenoura e diz:
— Cenoura...
E ela responde:
— Cenoura não, "cenorita".

Sabe o que é pior do que encontrar um bicho na goiaba?
Encontrar meio bicho... já que a outra metade você deve estar mastigando.

— Mamãe, azeitona tem perninhas?
— Não, meu filho.
— Xiii... comi um besouro.

Assuntos domésticos:
— Carmem, você não vai acreditar! O quilo do arroz baixou!
— Sério? E quantos gramas ele está pesando agora?

ALIMENTOS

O barbeiro:
— Como é que o senhor quer as costeletas?
O freguês, dono de restaurante:
— Bem passadas, com molho de pimenta.

O menino vendendo laranjas num cruzamento fica gritando:
— Olha a laranja! Olha a laranja!
Até que um homem pergunta:
— É doce?
— Claro que não, moço! Senão eu iria gritar: "Olha o doce!".

ALIMENTOS

— Se você não tomar essa sopa, eu chamo o Lobo Mau.
— Bom, mamãe, quero ver se ele tem coragem de tomar essa sopa também!

Doca traz frango frito de lanche, só que dentro de uma gaiola. A professora fica intrigada e pergunta:
— O que é isso, menino?
— É frango à passarinho.

No exército, um recruta reclama da comida:
— A minha sopa está cheia de terra!
E o capitão:
— Você não veio aqui para servir a pátria?
— Vim para servi-la e não para comê-la.

— Garçom, tem uma mosca na minha sopa.
— Impossível, freguês, nós tiramos todas elas!

ALIMENTOS

— Como é que se faz linguiça? — pergunta a professora.
— Fácil, professora: primeiro a gente tira a tripa do porco e depois coloca o porco dentro da tripa.

O Juquinha reclama:
— Mãe! Tem uma mosca dentro da minha sopa!
O irmãozinho mais novo intervém:
— Não tem problema. Mosca não come muito.

A garrafa de leite é posta com a outra na escada de manhã.
A primeira cumprimenta a segunda:
— Bom dia!
Faz-se o maior silêncio.
A garrafa gentil torna a repetir:
— Eu disse bom dia!
E a outra:
— Fique quieta que hoje eu estou azeda!

ALIMENTOS

O cara pede uma salada em um restaurante e, quando vai comer, vê uma mosca no tomate. Imediatamente, ele chama o garçom:
— Garçom! Olhe só o tamanho dessa mosca pousada no meu tomate! E agora, o que eu faço?
O garçom responde:
— Fique frio... Olhe só o tamanho da aranha que saiu da alface! Já, já, ela come a mosca!

Na lanchonete da rodoviária, o viajante pede um bolinho.
O garçom diz:
— Não leve a mal, mas o bolinho não é de hoje.
— Então me dê uma coxinha.
— Meu senhor, a coxinha também é de ontem.
— Então me dê aquele espetinho.
— O espetinho também é de ontem.
O viajante, já nervoso, pergunta:
— Como é que eu faço para comer alguma coisa de hoje?
E o garçom:
— Passe aqui amanhã.

Uma mulher desce do trem e um passageiro a chama:
— Ei! A senhora esqueceu um pacote no assento.
— Eu sei, é um sanduíche para meu marido. Ele trabalha na seção "Achados e Perdidos".

O sorveteiro da praia está rouco de tanto gritar, mas mesmo assim se esforça para anunciar seus produtos:
— Olha o sorvete! — grita ele.
— Tem de creme, chocolate, morango, abacaxi...
Então, um médico que está na praia pergunta:
— O senhor tem laringite?
— Não, senhor! Só creme, chocolate, morango, abacaxi...

13

ANIMAIS

Um caracol sai da casa e demora cinco dias para atravessar o pátio, uma semana para percorrer a cozinha, quatro dias para passar pela sala e um dia inteiro para sair pela porta. Dois meses depois, ele finalmente chega à calçada da frente, e a casa cai.
— Ainda bem que me apressei! — exclama o caracol.

BUMMmm

ANIMAIS

Dois caipiras passam na rua e veem um monte de gente formando um círculo. Eles ficam curiosos, e um deles pergunta ao outro:
– Ô, compadre, como nós vamos conseguir ver o que aconteceu?
– Ô, compadre, siga-me que eu tenho uma ideia!
E lá se vão os dois falando:
– Com licença, nós somos os parentes da vítima! Com licença, nós somos os parentes da vítima!
E, quando chegam lá, veem que é um jumento atropelado!

Certa vez, fui a um circo onde o mágico era tão atrapalhado que tirou uma cartola de dentro de um coelho.

No pátio da escola, Luizinho pergunta à professora:
– Professora, o que é, o que é: tem oito pernas, pelos verdes e anteninhas?
– Eu não sei, Luizinho. O que é?
– Eu também não sei, professora, mas ele está subindo pelas suas costas!

ANIMAIS

No maternal, uma menininha chega correndo e diz à professora:
— Professora, corra que a Pati está olhando os peixinhos lá no tanque do parque!
— Tudo bem, Clarinha, olhar os peixinhos não tem problema algum.
— Acho melhor a senhora ir logo, porque ela está debaixo da água, com eles.

Um menino chama o pai no meio da noite e diz:
— Pai, tem muitos mosquitos no meu quarto!
— Apague a luz que eles vão embora! Logo depois, aparece um vaga-lume. O menino chama o pai outra vez:
— Pai, socorro! Agora os mosquitos estão vindo com lanternas!

Duas pulgas conversando:
— Se ganhasse na loteria, o que você faria?
— Ah... Eu compraria um cachorro só para mim!

Um mosquito pergunta a outro:
— Como é? Nós também vamos beijar a noiva?
— De que jeito? Ela está com um mosquiteiro na cabeça...

16

ANIMAIS

Um homem vai até a farmácia e pergunta:
– Você tem remédio para barata?
O vendedor responde:
– Depende, o que a barata tem?

Professor: – Por que os peixes não falam?
Aluno: – Ora, porque, se falassem, entraria água pela boca deles!

O elefante passeia pela floresta quando tropeça e cai em cima de um formigueiro. Vendo-se infestado de formigas, começa a rolar para desprendê-las.
Depois de algumas voltas, ele para, exausto. Quase todas as formigas caem, restando apenas uma grudada em seu pescoço.
Vendo que ainda resta uma companheira, as formigas começam a gritar lá embaixo:
– Enforca! Enforca!

Um homem está mostrando a um amigo que seu papagaio sabe falar vários idiomas:
– Meu papagaio é um fenômeno, rapaz! Ele é poliglota! Olhe só, você levanta a patinha direita dele e ele fala inglês! Se levantar a esquerda, ele fala francês!
– E se levantar as duas? – brinca o amigo.
E o papagaio responde:
– Eu caio, seu boboca!

ANIMAIS

— Esta noite não consegui dormir por causa de uma pulga morta na minha cama.
— Mas se a pulga estava morta, não ia incomodar.
— Ah! Se você visse a parentada que veio para o velório!

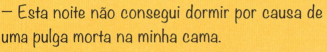

Se um cão bater à sua porta, não abra. Não é cão, porque cão não bate.

A menina reclama:
— Mamãe, tem um percevejo na parede.
— Não é um percevejo. É um prego.
A filha repete:
— Mamãe, tem um percevejo na parede.
— Não me perturbe, minha filha. Já disse que é um prego.
— Mamãe, tem um prego andando na parede.

ANIMAIS

A bicharada resolve fazer uma superfesta no céu e, assim que o baile começa, descobrem que está faltando a guitarra. Imediatamente, o leão, que era o responsável pelas músicas, vira-se para o bicho-preguiça e ordena:
– Bicho-preguiça! Vá buscar a guitarra lá na Terra!
Uma semana se passa e nada de o bicho voltar com a guitarra. Aborrecidos, os animais se reúnem e vão reclamar com o leão:
– Isso já é demais! Que falta de consideração! – diz um.
– O bicho-preguiça é um malandro! – rosna outro.
– Ele não tem caráter! – afirma um terceiro.
Todos os animais estão nessa discussão quando, de repente, a porta se abre e surge o bicho-preguiça, com um semblante entristecido.
– Se vocês continuarem me esculhambando, eu não vou mais.

ANIMAIS

A professora pergunta a Pedrinho:
— Onde são encontrados os elefantes?
— São uns bichos tão grandes que acho impossível alguém perder um.

Era um galo tão preguiçoso que esperava outro galo cantar de manhã para depois concordar com a cabeça.

O passarinho olha triste para uma tartaruguinha em cima de uma árvore, criando coragem. De repente, ela pula, cai e começa a chorar. Neste momento, ele chama sua esposa passarinha e diz:
— Você tem razão. Vamos ter de contar que ela é adotada.

ANIMAIS

Uma galinha diz à outra durante a Páscoa:
— Eu não entendo como os coelhos conseguem botar ovos de chocolate.

Um rapaz possui dois passarinhos: um que canta demais e outro que não canta nunca. Certo dia, esse rapaz resolve vendê-los em uma feira; coloca-os expostos para que todos os vejam e, então, um dos passarinhos começa a cantar sem parar, enquanto o outro fica constantemente calado. Um senhor chega para o rapaz e pergunta:
— Quanto custam as avezinhas, meu jovem?
O rapaz responde:
— Esse que está cantando custa 50 reais e o calado custa 100.
— Ué! Por que o passarinho que está calado custa mais do que o que está cantando? – pergunta o senhor, incomodado.
— Porque o que está calado é o compositor.

A menina vai visitar a avó no campo.
A avó tem uma criação enorme de aves, e a menina, que mora na cidade, fica encantada.
De repente, passeando pelos arredores da fazenda, ela vê um pavão. Volta correndo para casa e, toda alegre, avisa para a vovó:
— Vovó, vovó! Uma de suas galinhas está dando flor!

O rapaz da cidade vai morar na roça e arruma um emprego numa fazenda.
Quando ele vai tirar leite da vaca pela primeira vez, volta, depois de uma hora, com o balde vazio.
O dono da fazenda pergunta:
— Uai! A vaca não deu nada?
— Deu, sim, senhor... Deu 5 litros e depois deu um coice no balde!

ANIMAIS

Um cachorro e um gato estão olhando para a Lua. De repente, o cachorro diz:
— Você sabia que há milênios os cães têm uma relação muito forte com a Lua? É por isso que uivamos à noite.
Nada surpreso, o gato exclama:
— Eu mio todas as noites, mas é para incomodar os vizinhos.

Depois do primeiro voo da mosquinha, a mãe pergunta:
— Então, minha filha, como foi seu primeiro voo?
— Ótimo, mãe! Por onde eu passei, todos aplaudiram — responde a mosquinha.

Um cara dirige numa estrada quando, de repente, o seu carro pifa de vez. Ele encosta e começa a mexer no motor para tentar saber o que aconteceu. Uma vaca chega de mansinho, enfia a cabeça debaixo do capô e comenta:
— Pra mim, o problema é no motor.
O dono do carro leva o maior susto e fala ao proprietário da vaca:
— Amigo, é incrível! A sua vaca falou e disse que o problema do meu carro é no motor.
— Esquece. Essa aí só entende de motor a diesel.

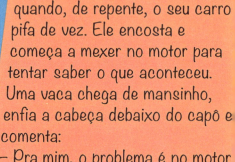

22

ANIMAIS

O caipira chega e pede ao vizinho:
— Compadre, você pode me emprestar o seu burro pra eu terminar de arar minha plantação?
— Agora não posso, compadre. Meu burro tá pastando. Mas, no mesmo instante, o burro relincha lá na cocheira.
— Que vergonha, compadre! Seu burro acaba de relinchar lá na cocheira!
— E você acredita mais na palavra dele do que na minha?

A cobrinha chega em casa e pergunta para seu pai:
— Papai, é verdade que somos venenosas?
— Não, minha filha! Mas por que perguntou?
E a cobrinha:
— É que acabei de morder a língua!

— Minha filha, você sabe por que os pintinhos saem dos ovos?
— Sei, sim, mãe. Eles saem para não acabarem na frigideira também.

A esposa entra em casa e encontra o marido atarefado com um mata-moscas.
— O que você está fazendo?
— Matando moscas!
— Já matou alguma?
— Sim, três machos e duas fêmeas.
— Mas como você consegue distinguir o sexo? — pergunta a esposa, intrigada.
— Fácil — responde o marido. — Três estavam no controle remoto e duas, no telefone!

ANIMAIS

Depois de ser perseguido durante um bom tempo por um gato, o rato esconde-se em uma toca e fica ali durante horas. Até que, ao ouvir latidos de cachorro, o rato acha que o gato foi embora e resolve sair para passear. Contudo, assim que enfia a cabeça para fora, é pego pelas garras do gato.

— Você imita latidos? — pergunta o rato, espantado.
— Meu amigo, neste mundo globalizado, quem não fala duas línguas morre de fome!

AU AU AUUUUUUUU!

O coelho entra na lavanderia a seco e pede uma cenoura.
— Não vendemos cenouras — responde o dono. — Procure o quitandeiro mais adiante.
No dia seguinte, o coelho volta pedindo:
— Tem cenouras?
— Isto é uma lavanderia a seco — diz o proprietário, irritado.
— Vá à mercearia.
No outro dia, o coelho volta.
— Tem cenouras? — pergunta.
— Já disse que não! — berra o dono. — Não vendemos cenouras. Se me perguntar de novo, vou pegar uma corda, amarrar você e entregá-lo ao açougueiro aqui ao lado!
No dia seguinte, o coelho volta, olha bem no olho do dono e pergunta:
— Tem cordas?
— Não... – diz o dono, intrigado.
— Bem, então... tem cenouras?

ANIMAIS

O morcego decide fazer uma competição com seus três filhos para ver quem consegue sangue mais rápido. O filho mais velho sai voando e volta em 60 segundos com a boca suja de sangue. O pai pergunta:
– Onde você arrumou esse sangue?
– Está vendo aquele boi ali?
– Sim.
– Foi dele.
O segundo filho sai voando e volta em 30 segundos com a boca suja de sangue. O pai pergunta:
– Onde você arrumou esse sangue?
– Está vendo aquela mulher ali?
– Sim.
– Foi dela.
O filho mais novo sai voando e volta em 15 segundos com a boca suja de sangue. Novamente o pai pergunta:
– Onde você arrumou esse sangue?
– Está vendo aquele muro ali?
– Sim.
– Eu não vi.

O filhote do camundongo vê pela primeira vez na vida um morcego e diz:
– Mamãe, tem um anjo voando aqui na sala!

Um senhor vai à loja de insetos e pede para comprar 35 moscas, 12 mil formigas, 50 baratas e 14 aranhas.
– Pois não – diz o vendedor. – Mas, desculpe a curiosidade. Por acaso o senhor vai fazer um zoológico de insetos?
– Não. Tenho que entregar o apartamento que eu alugava e o contrato diz que devo deixá-lo como o recebi.

25

CIÊNCIAS

Um disco voador pousou num posto de gasolina. O extraterrestre desceu e foi até a bomba de gasolina.
– Leve-me ao seu líder! – ele disse, mas não houve reação.
– Leve-me ao seu líder! – ele ordenou de novo, mas nada.
Muito bravo, o extraterrestre gritou:
– Quer fazer o favor de tirar o dedo da orelha e me escutar?!

CIÊNCIAS

Um cientista famoso está a caminho de uma conferência quando o seu motorista comenta:
– Patrão, já ouvi tantas vezes o seu discurso, que tenho certeza de que poderia fazê-lo no seu lugar, se o senhor ficasse doente.
– Isso é impossível!
– Quer apostar?
E fazem a aposta. Trocam de roupa e, quando chegam ao local da conferência, o motorista vai para a tribuna, enquanto o cientista instala-se na última fila. Depois da palestra, começa a sessão de perguntas, e ele responde a todas com precisão. No entanto, em certo momento, levanta-se um sujeito que apresenta uma questão dificílima. Longe de entrar em pânico, ele responde:
– Meu jovem, essa pergunta é tão fácil, mas tão fácil, que vou pedir para o meu motorista responder!

O garotinho chega e pergunta ao pai, que está vendo televisão:
– Pai, é verdade que todos os pais sempre sabem mais que os seus filhos?
– É verdade, sim, filho – responde o pai.
– Então, me diga, quem foi que inventou o avião?
– Foi Santos Dumont, meu filho... Um brasileiro muito ilustre!
– Nesse caso, por que não foi o pai dele que inventou o avião?

Na aula de História da Religião, a professora pergunta para o Doquinha:
– Quem foi o pai de Abraão?
– Lincoln!

CIÊNCIAS

O professor pergunta aos alunos qual a coisa mais velha do mundo. Como ninguém sabe, ele explica que é o tempo. Nisso, um aluno levanta e diz:
— Professor, eu sou mais velho que o tempo.
— O quê? Isso não pode ser!
— Pode sim, professor. Os meus pais dizem que eu nasci antes do tempo!

Dois velhinhos conversam num asilo:
— Amigo, eu tenho 83 anos e estou cheio de dores e problemas. Você deve ter mais ou menos a minha idade. Como você se sente?
— Como um recém-nascido!
— Como um recém-nascido?!
— É. Sem cabelo, sem dentes e acho que acabei de fazer xixi nas calças...

— Albert! Tome já sua mamadeira! Senão eu conto pro seu pai que você não para de mostrar a língua pra mamãe e de rabiscar na parede essa bobagem aí... $E = mc^2$.

CIÊNCIAS

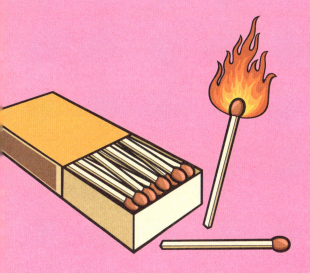

Depois de inventar o palito de fósforo, o homem manda alguns para sua mulher, que mora em outra cidade. Um dia depois, ela liga e diz:
— Os palitos de fósforo que você me mandou não funcionaram.
— Mas como? Eu testei todos antes de mandar para você!

O avião balança muito, devido ao mau tempo. A aeromoça tenta acalmar os passageiros. Quando percebe que um deles está tão nervoso que começa a ficar roxo, ela pergunta:
— É falta de ar, cavalheiro?
O passageiro responde:
— Não. É falta de terra mesmo!

Durante uma aula de Ciências, a professora pergunta:
— Joãozinho, o que acontece quando há eclipse do Sol?
— Ora, todos saem para a rua para ver!

CIÊNCIAS

Na aula de Ciências, o professor pergunta:
— Joãozinho! Quantos rins nós temos?
— Quatro, professor — responde o menino sem pestanejar.
— Quatro? Você ficou doido?
— Bem... pelo menos os meus dois eu garanto!

Um caipira pergunta para o sobrinho da cidade:
— Ô, fio! Mate uma curiosidade minha. É verdade que essa tal lei da gravidade deixa a pessoa em pé no chão?
— Sim, tio! Se não fosse a lei da gravidade, nós flutuaríamos no espaço!
— Agora me explique uma coisa: como é que todos faziam antes de essa tal lei ser aprovada?

Uma mulher entra na farmácia e pergunta:
— Bom dia. O senhor tem alguma coisa contra a tosse aqui?
— Claro que não! A senhora pode tossir à vontade.

Durante o exame geral, o médico pergunta para o caipira:
— Você sabe qual o seu tipo sanguíneo?
— Oia, dotô, eu acho que é do tipo vermeio!

CIÊNCIAS

– Joãozinho, o que o cientista Benjamin Franklin disse quando descobriu a eletricidade?
– Nada. Ele ficou em estado de choque.

O velhinho vai ao médico reclamando de dor na perna direita. O médico o examina e não acha nada de errado.
– A sua perna não tem nada. Está perfeita – conclui.
– Então, por que é que dói?
– Deve ser por causa da idade!
– Como é que a outra também tem a mesma idade e não dói?

Dois caipiras estão sentados diante da igreja, jogando conversa fora. Um deles, olhando para o para-raios do campanário, diz ao outro:
– Ó, cumpadi, tá vendo aquele mosquitinho bem na ponta do para-raios?
– Quar? O que tá de pé ou o que tá sentado?

O médico se queixa ao paciente:
– O cheque que você me deu para pagar o tratamento voltou.
– Minha artrite também.

CIÊNCIAS

O sujeito encosta uma concha no ouvido e comenta com um amigo:
– Estou ouvindo o barulho do mar!
– Isso não é nada. Ontem, eu ouvi mugidos de uma vaca!
– Como?
– Encostei uma lata de leite condensado no ouvido.

Um vampiro bebe muito sangue em uma festa e vai parar no hospital. Chegando lá, é atendido por uma enfermeira, que pergunta:
– Tipo de sangue?
Espantado, ele responde:
– Eu aqui passando mal, e a senhora me oferece mais bebida?

Sherlock Holmes e o doutor Watson estão acampados em plena selva. Holmes acorda no meio da noite, agitado.
– WATSON! – grita ele.
– O que foi, Holmes? – pergunta Watson, despertando assustado.
– Olhe para o céu e diga-me o que você vê!
– Vejo milhões de estrelas, Holmes.
– E o que você deduz disso?
– Bem, do ponto de vista astronômico, que há milhões de galáxias e potencialmente bilhões de planetas. Do ponto de vista teológico, que Deus e seu universo são infinitos; e, do ponto de vista meteorológico, que teremos um dia lindo amanhã. E você, o que deduz disso?
– Elementar, meu caro Watson, roubaram a nossa barraca.

CIÊNCIAS

Na aula de Física:
– Mariazinha, dê um exemplo de energia desperdiçada!
– Contar uma história de arrepiar os cabelos para um careca!

A professora pergunta para o Juquinha:
– O que é mais importante: o Sol ou a Lua?
– É a Lua! Ela ilumina tudo quando está escuro. Graças à Lua, a gente enxerga um pouco mais à noite.
– Mas e o Sol?
– O Sol não serve para nada. Ele só brilha durante o dia, quando já está tudo claro.

Um professor está na sala de aula e pergunta aos alunos:
– Crianças, por que primeiro vemos o relâmpago e depois ouvimos o trovão? Quem souber levante a mão.
Um garotinho no fundo da sala levanta a mão e responde:
– Simples, professor, é porque nossos olhos estão na frente das nossas orelhas.

33

ÉTICA

– Por que você está chegando tão tarde em casa? – pergunta a mãe para o filho.
– É que eu fiz com que dois garotos parassem de brigar!
– Muito bem! E como você conseguiu?
– Enchi os dois de cascudos!

ÉTICA

Desconfiado de que a sua festa estava cheia de penetras, a certa altura da noite, o anfitrião subiu numa cadeira e gritou:
– Quem é convidado da noiva, por favor, para o lado direito!
Metade dos convidados foi para o lado direito do sujeito.
– Agora, quem é convidado do noivo, por favor, fique ao meu lado esquerdo!
Um monte de gente se juntou do lado esquerdo do sujeito.
– E agora, vocês tratem de cair fora, bando de folgados, porque isso aqui é uma festa de aniversário!

Batem à porta e a mulher vai atender:
– Buenas tardes, señora! Soy paraguaio e su marido me ha contratado para matar usted...
– Para quê?!
– Paraguaio, señora!

Na escola, o professor fala ao telefone:
– Então, o senhor está me dizendo que o Dudu está gripado e não poderá vir para a aula?
– Isso mesmo! – uma voz rouca responde do outro lado.
– E quem está falando?
– É o meu pai!

ÉTICA

Num julgamento, o promotor interroga o assaltante:
– E na hora de abrir o cofre, o senhor não sentiu medo?
– Senti, sim, senhor! – responde o acusado. – Senti muito medo de que ele estivesse vazio.

– Você não se cansa de ficar tanto tempo sem fazer nada?
– É, às vezes, canso sim...
– E o que você faz?
– Deito um pouco para descansar...

Um homem estava em coma havia algum tempo. Sua esposa ficava à cabeceira dele dia e noite.
Até que um dia o homem acordou, fez um sinal para a mulher se aproximar e sussurrou:
– Durante todos estes anos, você esteve ao meu lado. Quando me afastei do trabalho, você ficou comigo.
Quando a minha empresa faliu, só você ficou lá e me apoiou.
Quando perdemos a casa, você ficou perto de mim.
E desde que fiquei com todos estes problemas de saúde, você nunca me abandonou. Sabe de uma coisa?
– Diga, amor...
– Acho que você me dá azar!

ÉTICA

Assustado, o filho grita:
— Pai! Acabaram de roubar nosso carro!
— Você viu os ladrões?
— Vi!
— E você acha que conseguiria reconhecê-los?
— Não, mas anotei a placa do carro.

No tribunal, o juiz pergunta ao réu:
— No momento do furto, o senhor não pensou em nenhum instante na sua mãe, na sua mulher?
— Pensei, sim! Mas na loja só tinha roupa de homem!

O bandido entra numa joalheria e rouba todas as joias da loja. Guarda tudo numa mala e, para disfarçar, coloca roupas em cima. Sai correndo para um beco, onde encontra com um colega, que lhe pergunta:
— E aí, tudo joia?
— Que nada! Metade é roupa...

Doca e outros dois garotos foram levados ao juizado por causa de uma baita briga no zoológico.
O juiz começa o interrogatório:
— Quem é você e por que está aqui?
— Eu sou Doca e joguei amendoim nos elefantes.
Então o juiz pergunta ao segundo:
— Quem é você e por que está aqui?
— Eu sou Joãozinho e joguei amendoim nos elefantes.
Então o juiz pergunta ao terceiro menino, que estava todo machucado:
— Quem é você e por que está aqui?
— Eu sou o Amendoim.

ÉTICA

O garoto fala com a mãe:
– Mãe, você pode me dar R$ 10,00?
– Claro que não!
– Se a senhora me der o dinheiro, eu conto o que papai disse para a moça lá da loja do shopping!
De orelhas em pé, cheia de curiosidade, a mãe pega R$ 10,00 e dá ao filho na mesma hora.
– Muito bem! O que ele disse? – pergunta a mãe.
– Ele disse: "Ei, moça, você pode me informar onde fica a seção de brinquedos?".

O mendigo chega para uma senhora e pede uma esmola.
– Em vez de ficar pedindo esmolas, por que não vai trabalhar? – pergunta ela.
– Dona, estou pedindo esmola e não conselhos! – responde o mendigo.

A mãe chama o Doca e diz:
– Doca, refaça esta lição. A pressa é inimiga da perfeição.
E ele, saindo para brincar, responde:
– Ah, mãe! Elas que façam as pazes. Eu não tenho nada com isso.

ÉTICA

Um guarda rodoviário manda parar um carro que estava em baixíssima velocidade na estrada. Quando se aproxima, ele nota que dentro dele há quatro velhinhas. Com toda delicadeza, o policial diz para a motorista:
— Desculpe, mas a senhora não pode dirigir tão devagar em uma estrada como esta.
— Mas é a velocidade limite, seu guarda. Estava na placa lá atrás: BR-40.
— A placa era o número da estrada, minha senhora! Então, o guarda percebe que as outras passageiras estão com os olhos esbugalhados. Preocupado, pergunta:
— E suas amigas, o que elas têm? Estão passando bem?
— Ah, seu guarda, é que eu acabei de sair da BR-260!

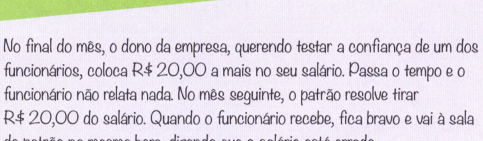

No final do mês, o dono da empresa, querendo testar a confiança de um dos funcionários, coloca R$ 20,00 a mais no seu salário. Passa o tempo e o funcionário não relata nada. No mês seguinte, o patrão resolve tirar R$ 20,00 do salário. Quando o funcionário recebe, fica bravo e vai à sala do patrão na mesma hora, dizendo que o salário está errado.
— E por que você não falou comigo no mês passado? – pergunta o patrão.
— Errar uma vez eu aceito, mas duas vezes, não – responde o funcionário.

ÉTICA

— O senhor insiste em dizer que é inocente, mas eu tenho seis testemunhas que viram o roubo.
— Ora, senhor juiz, eu tenho mais de mil que não viram.

Joãozinho, assustado, pergunta:
— Professora, alguém pode ser castigado por algo que não fez?
— Não, Joãozinho, nunca!
— Eba! Estou livre, não fiz a lição...

Uma professora está dando algumas lições de etiqueta para os alunos. No começo das explicações, ela pede para as crianças dizerem regras, que já ouviram de seus pais, sobre como se comportar bem em um restaurante.
— Não brinque com a comida – diz um dos alunos.
— Não faça muito barulho – afirma outro menino.
— Lave bem as mãos antes de comer – fala uma garota.
— Não fale enquanto estiver com a boca cheia – grita outro aluno.
A professora resolve perguntar ao Joãozinho, que está calado:
— O que os seus pais dizem antes de você ir a um restaurante, Joãozinho?
— Peça algo barato.

ÉTICA

— Papai! Papai! É verdade que todos os contos de fadas começam com "Era uma vez"?
— Nem sempre, filha! Tem alguns que começam assim: "Quando eu for eleito..."

O policial de uma pequena cidade para um motorista por excesso de velocidade.
— Seu guarda, eu posso explicar... – replica o motorista.
— Fique quieto! Vou levá-lo para a cadeia até o chefe chegar! – esbraveja o policial.
— Mas, por favor, eu só queria dizer que...
— Silêncio! Você está preso!
Então, ele joga o coitado em uma cela, sozinho, e vai embora sem lhe dar atenção.
Horas mais tarde, o guarda volta:
— O chefe está chegando! Sorte sua que ele foi ao casamento da filha dele. Deve estar de bom humor.
— Duvido muito... Se tivesse me deixado falar, saberia que o noivo sou eu!

O médico pede ao paciente que vá até a janela, se debruce e ponha a língua para fora. O paciente obedece, mas depois pergunta, curioso:
— Que espécie de exame é esse, doutor?
— Não é exame, não. É que eu não vou com a cara dos meus vizinhos.

ÉTICA

Na biblioteca, o assaltante diz:
— A bolsa ou a vida!
A bibliotecária:
— Qual é o autor?

Um sujeito está voltando para casa, dirigindo acima da velocidade permitida, quando olha pelo retrovisor e vê um carro de polícia buzinando, com um guarda fazendo gestos para ele parar. Ele pensa que pode correr mais do que o guarda e pisa fundo no acelerador. O carro dá uma arrancada e a polícia o segue numa corrida desenfreada: 100, 120, 140, 160 km/h. Quando o velocímetro chega a 180 e a polícia continua atrás dele, o sujeito desiste e encosta. O guarda chega na janela do carro e diz:
— Olhe, eu tive um dia cansativo hoje e só quero ir para casa. Dê uma boa desculpa e eu o deixo ir.
— Há três semanas minha mulher fugiu com um guarda. Quando eu vi seu carro pelo retrovisor, eu pensei que você fosse ele tentando devolvê-la!

Duas vizinhas discutem:
— Eu não sou como você, que anda pela rua falando mal dos outros.
— Também, pudera! Você tem telefone!

A professora pergunta:
— Alguém sabe me dizer por que Robin Hood roubava dos ricos?
— Porque os pobres não tinham dinheiro.

ÉTICA

Um advogado morre, e pede em seu testamento que cada um de seus três sócios jogue 50 reais dentro de seu túmulo na hora do enterro. O primeiro pensa muito, tira uma nota de 50 reais da carteira e a joga na cova. O segundo reluta bastante, mas também joga uma nota de 50 reais. O terceiro recolhe as duas notas de 50 e joga um cheque de 150 reais na cova.

O guarda chega para o pescador e diz que ali é proibido pescar.
— Mas eu não estou pescando!
— Como não? Não está com a vara na mão?
— Estou.
— E na ponta não tem linha?
— Tem.
— E no final da linha não tem um anzol?
— Tem, sim.
— E a minhoca não está dentro da água?
— Está.
— Então o senhor está pescando.
— Não, senhor. Estou dando banho na minhoca.

O bêbado entra na contramão e o guarda o detém:
— Onde é que o senhor pensa que vai?
— Bom... Eu ia para uma festa, mas parece que ela já acabou. Todo o pessoal está voltando.

ÉTICA

O vendedor de amendoins era tão preguiçoso, mas tão preguiçoso que ele ia para a porta da igreja e esperava o padre dizer:
– Amém.
E ele completava:
– Doins.

Um prefeito do interior quer construir uma ponte e chama três empreiteiros: um alemão, um americano e um brasileiro.
– Faço por 3 milhões – diz o alemão. – Um pela mão de obra, um pelo material e um é o meu lucro.
– Faço por 6 milhões – propõe o americano. – Dois pela mão de obra, dois pelo material e dois para mim.
– Faço por 9 milhões – diz o brasileiro.
– Nove? É demais – fala o prefeito. – Por que nove?
– É simples. Três para mim, três para o senhor e três para o alemão fazer a obra!

O sujeito está lendo tranquilamente o seu jornal, quando a mulher lhe dá uma frigideirada na cabeça.
– O que é isso? Você está maluca? – reage ele, furioso.
– Isso é pelo bilhete que eu encontrei no bolso da sua calça, com o telefone de uma tal de Marilu!
– Mas, querida... Isso foi no dia em que eu fui à corrida de cavalos. Marilu era o nome do cavalo que eu apostei e esse número era o valor total das apostas.
A mulher fica toda desconcertada e desdobra-se em desculpas. Dias depois, ele está novamente lendo o seu jornal e PIMBA! Leva outra frigideirada na cabeça.
– O que foi, querida? – diz ele.
– O seu cavalo está no telefone...

ÉTICA

Joãozinho e sua mãe pegam um ônibus para irem passear. No ônibus, a mãe percebe uma placa avisando: "Menor de 10 anos não paga passagem.".
– Filho, se o cobrador perguntar quantos anos você tem, diga que tem 10 anos, e não 11 – cochichou a mãe para Joãozinho.
– Está bem, mamãe.
Então, o cobrador pergunta:
– Quantos anos você tem, menino?
– Dez anos – responde Joãozinho.
– E quando você faz 11?
– Quando eu descer do ônibus.

Altas horas da madrugada, um casal acorda com o som insistente da campainha. O homem levanta-se e, pela janela, pergunta:
– O que é que você quer?
– Olá, eu sei que é tarde, mas preciso que alguém me empurre. Como a sua casa é a única na região... Você precisa me ajudar.
– Eu não o conheço, são quatro horas da manhã, e você pede para que o empurre? Ah! Vá se catar!
E ele volta para a cama.
A mulher não gosta da atitude do marido:
– Não acha que você exagerou? Também já ficamos sem bateria no carro antes, você bem que podia ajudar o rapaz a empurrar.
Tomado por remorso, o marido se veste e vai para a rua. Ele procura o homem, que estava visivelmente bêbado, e diz:
– Ei, vou ajudá-lo! Onde é que você está?
– Aqui, no balanço do seu jardim!

ÉTICA

O sujeito está sendo interrogado no tribunal:
– Quer dizer que, depois de sair da casa da vítima levando mais de 20 mil dólares, você voltou para roubar as joias e as obras de arte da família?
– É porque eu me lembrei que o dinheiro não traz felicidade!

O dono do mercadinho vai à casa de um freguês para receber a conta. Um garotinho abre a porta:
– Você pode chamar seu pai? – pede gentilmente o cobrador.
– Meu pai não está em casa, acabou de sair – responde o garoto.
– Como não está? Eu o vi na janela quando estava vindo para cá!
– Pois é, ele também viu o senhor, e por isso desapareceu...

Um amigo convida outro para jantar em sua casa, dizendo:
– Sinta-se como se você estivesse em sua casa.
– Ora, que pena, pensei que fosse jantar melhor hoje.

A mãe está distraindo uma visita indesejável na porta da frente quando o filho, um tanto quanto apressado, diz:
– Mãe, o pai ainda não conseguiu escapar pela porta dos fundos, pois está trancada. Ele está pedindo a chave!

ÉTICA

O Joãozinho chega em casa e diz:
– Papai, na hora que eu entrei no ônibus pra vir embora hoje, eu pisei sem querer no pé de uma velhinha, pedi desculpas, e ela me deu um doce dizendo que eu era muito educado.
– Que gentileza dela, filho. E você?
– Aí eu pisei de novo pra ver se ganhava outro!

O médico diz:
– Seu marido vai ficar bom e começará a trabalhar dentro de uma semana.
– Oh, mas que milagre! Ele nunca trabalhou...

Tarde da noite, um ladrão entra em uma casa que ele acha estar vazia. Com cuidado, na ponta dos pés, atravessa a sala, mas de repente para, apavorado, quando ouve uma voz dizer:
– Jesus está de olho em você.
A casa fica silenciosa de novo, e o ladrão continua a andar.
– Jesus está de olho em você – a voz fala de novo.
O ladrão para de novo, apavorado. Nervoso, ele olha em volta. Num canto escuro, ele nota uma gaiola, e um papagaio dentro dela.
– Foi você que disse que Jesus está me olhando? – pergunta ele.
– Sim – responde o papagaio.
O ladrão dá um suspiro de alívio e pergunta ao papagaio:
– Qual é seu nome?
– Clarence – responde o papagaio.
– É um nome estranho para um papagaio. Quem deu esse nome para você?
– A mesma pessoa que deu o nome de Jesus para o rottweiler.

47

FAMÍLIA

— Pai, eu quero uma bicicleta nova!
— Mas, meu filho, a sua ainda nem estragou!
— Eu também não estou estragado e a mamãe ganhou um neném novo.

FAMÍLIA

A mulher liga toda desesperada para o marido no escritório:
– Querido, o carro não quer pegar! Está com água no carburador.
– Você já chamou um mecânico?
– Não!
– Então como é que sabe que o problema é com o carburador?
– Palpite!
– Tá bom, eu vou até aí... Onde está o carro?
– Dentro da piscina!

– Joãozinho, foi sua avó que trouxe você para a escola hoje? – pergunta a professora.
– Foi, sim. Ela está passando um tempo lá em casa! – responde Joãozinho.
– Que bom! E onde ela mora?
– Na rodoviária, professora.
– Na rodoviária? Tem certeza, Joãozinho?
– Claro! Eu já fui buscá-la com o meu pai lá um monte de vezes!

– Doca, quem foi que apanhou uma maçã que estava na fruteira?
– Eu, mamãe! Dei-a para um pobre menino que estava com fome.
– Filho querido! Você tem um coração de ouro! E quem era esse menino, meu amor?
– Eu, mamãe!

– Mãezinha, o que é um cavalheiro?
A mãe pensa, pensa e diz:
– Cavalheiro, filhinha, é o que seu pai era até um ano depois do nosso casamento.

FAMÍLIA

A professora pergunta para os alunos:
— Quem quer ir para o céu? Todos levantam a mão, menos o Joãozinho.
— E você, Joãozinho? Não quer ir para o céu?
— Querer eu quero, mas a minha mãe falou que era para eu ir direto para casa depois da aula!

— Juquinha, mas será o Benedito? Você não se envergonha de ficar ensinando palavrões ao papagaio?
— Mas, mãe, eu só estou ensinando a ele o que não pode dizer.

A mãe fala para o filho:
— Dona Eulália veio se queixar que você quebrou a vidraça dela. É verdade?
— Foi um acidente, mamãe.
— Mas como?
— Eu estava limpando o estilingue e ele disparou!

FAMÍLIA

Uma professora dá aula a seus alunos sobre as diferenças entre os ricos e os pobres, e Júlia levanta a mão e diz:
– Professora, meu pai tem tudo: televisão, telescópio, DVD, carro...
– Tudo bem – diz a professora. – Mas será que ele tem uma lancha?
– Bem, não...
– Viu? Não podemos ter tudo.
Então, Artur interrompe:
– Professora, meu pai tem tudo: televisão, telescópio, DVD, carro, lancha...
– Sim, mas será que ele tem um avião particular?
– Bem, não...
– Está vendo que não se pode ter tudo na vida?
Joãozinho levanta a mão e diz:
– Professora, meu pai, agora, tem tudo.
– Será?
– Certeza. Pois sábado passado, quando minha irmã apresentou o novo namorado, o papai disse: "Não acredito! Era só o que me faltava!".

O médico atende um velhinho milionário que tinha começado a usar um aparelho de audição.
– E aí, seu Almeida, está gostando do aparelho?
– É muito bom.
– Sua família gostou?
– Ainda não contei para ninguém, mas já mudei meu testamento três vezes.

Uma senhora chega à bilheteria do teatro e pede:
– Olá, quero dois ingressos.
– Para Romeu e Julieta? – pergunta o vendedor.
– Não, para mim e para meu marido!

51

FAMÍLIA

Dois garotinhos conversam em tom de cochicho:
— Imagine só que minha mãe tentou me convencer com essa história de que não é a cegonha que traz os bebês! Ela pensa que sou bobo...

Ao ver o tio completamente careca, Dudu pergunta:
— O que aconteceu com seu cabelo?
— Caiu! — o tio responde, desconsolado.
— E por que o senhor não catou?

Um casal de idosos está conversando. O marido vai sair e a esposa pergunta:
— Aonde você vai?
— Vou ao supermercado.
— Ótimo. Então, traga um sorvete de creme. Mas, por favor, anote para não esquecer.
— Eu não vou esquecer nada.
— Você sempre esquece, é melhor anotar.
O marido sai sem anotar nada e, uma hora depois, volta trazendo um pacote de salsicha. A mulher fica muito brava:
— Não falei que você ia esquecer? Cadê a maionese que eu pedi?

52

FAMÍLIA

A mãe do Joãozinho está grávida e pergunta a ele:
— O que prefere ganhar: um irmãozinho ou uma irmãzinha?
— Mamãe, se não for pedir muito, eu gostaria de uma bicicleta.

A filha entra no escritório do pai, com o marido a acompanhando, e indaga, sem rodeios:
— Pai, por que você não coloca meu marido no lugar do seu sócio, que acabou de falecer?
— Olhe, filha, converse com o pessoal da funerária. Por mim, tudo bem...

O caipira compra uma câmera digital e leva para seu sítio. Chegando lá com aquela novidade que ninguém conhecia, ele diz:
— Pessoar, todos pra perto da cerca de arame farpado que eu vou tirar uma foto! Ele programa o temporizador e corre para junto de todos. Quando os outros o veem correr, também correm, rasgando-se na cerca.
— O que aconteceu, uai? — ele pergunta.
— Se ocê que conhece esse negócio ficou com medo, imagina nóis que num conhece...

53

FAMÍLIA

— Agora que o seu filho está na escola, por que não lhe compra uma enciclopédia?
— Para quê? No meu tempo, eu ia à escola a pé.

Uma mãe pede ao filho que ligue para o celular do pai:
— Filho, diga que o jantar sairá em uma hora.
— Pode deixar, mamãe.
— E aí? O que ele disse? Já vem?
— Já liguei três vezes, mãe.
— E ele não atendeu?
— Atendeu. Mas sempre quem fala é uma mulher.
— O quê? Ele vai ver quando chegar em casa.

Quando o pai chega em casa, a mulher começa a gritar:
— Venha aqui, filho! Conte o que a mulher disse para você no telefone!
— Ela disse: "O número para o qual você ligou encontra-se desligado ou fora da área de cobertura".

A mulher telefona para o marido:
— Querido, tenho uma notícia boa e uma má!
— Lamento, mas estou no meio de uma reunião, diga-me só a boa.
— O airbag do seu carro está funcionando direitinho!

FAMÍLIA

O rapaz chega em casa muito animado e diz para sua mãe que se apaixonou e quer se casar. A mãe inicia uma série de perguntas e ele faz a seguinte proposição:
– Mãe, por brincadeira, vou trazer aqui amanhã três mulheres e você irá tentar adivinhar com qual delas eu irei me casar.
A mãe concorda com o teste. No dia seguinte, ele traz para sua casa três mulheres lindíssimas.
Elas se sentam no sofá e ficam conversando com a mãe do rapaz durante um bom tempo. Depois de horas de conversa entre elas, o rapaz chega e pergunta:
– Então, mãe, você é capaz de adivinhar com qual eu vou me casar?
– Com a do meio – a mãe responde na mesma hora.
– É incrível, mãe! Você acertou! Mas como adivinhou?
– Não gostei dela...

– Pedrinho, por que você bateu em sua irmãzinha?
– Ora, nós fomos brincar de Adão e Eva e ela comeu a maçã inteirinha e não me deu nada...

O sujeito bate à porta de uma casa e, assim que um homem abre, ele diz:
– O senhor poderia contribuir com o Lar dos Idosos?
– É claro! Espere um pouco que eu vou buscar a minha sogra.

A criança retorna para casa após o primeiro dia de aula. Ansiosa, sua mãe pergunta:
– Bom, o que você aprendeu lá hoje?
– Não o bastante, pois me disseram para voltar amanhã...

FAMÍLIA

— Estou satisfeita. Consegui tirar o vício do meu marido de roer as unhas.
— Como conseguiu?
— Escondi as dentaduras.

Uma mulher empurrando o carrinho de bebê, com a cobertura levantada, diz para a sogra:
— Este é o automóvel conversível que o seu filho prometeu me dar depois do casamento?

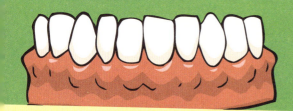

Joãozinho chega em casa e diz ao seu pai:
— Pai, hoje recebi o meu boletim.
— Então, cadê ele? – perguntou o pai.
— Emprestei!
— Mas por quê?
— Porque meu amigo queria assustar o pai dele.

FAMÍLIA

– Vovô, feche os olhos!
– Por que fechar os olhos?
– É porque a titia falou que, se o senhor fechar os olhos, ficaremos ricos.

Para ensinar ao filho o valor do dinheiro e tentar diminuir gastos excessivos, a mãe o faz escrever uma relação detalhada de como ele gasta a mesada. Um dia, enquanto escreve com muito esforço as suas contas, ele diz:
– Sabe, mamãe? Desde que comecei a anotar tudo o que gasto, sempre penso bem antes de comprar alguma coisa.
A mãe fica toda contente pelo êxito do seu método, e ele completa:
– Eu não compro mais nada que seja difícil de escrever...

Um dia, uma menina estava sentada observando sua mãe lavar os pratos na cozinha. De repente, percebeu que a mãe tinha vários cabelos brancos que se sobressaíam em sua cabeleira escura. A menina olhou para a mãe e perguntou:
– Por que você tem tantos cabelos brancos, mamãe?
A mãe respondeu:
– Bom, cada vez que você faz algo de ruim e me faz ficar triste, um de meus cabelos fica branco.
A menina digeriu a revelação por alguns instantes e logo disse:
– E por que TODOS os cabelos da minha avó estão brancos?

57

FAMÍLIA

Joãozinho vai pescar com o pai.
– Pai, como é que os peixes respiram debaixo d'água?
– Não sei, meu filho.
Pouco depois:
– Pai, por que os barcos não afundam?
– Não sei, meu filho.
Pouco depois:
– Pai, por que o céu é azul?
– Isso eu também não sei, meu filho.
– Pai, você não se incomoda de eu ficar fazendo essas perguntas, não é?
– Claro que não, meu filho! Se você não perguntar, nunca vai aprender nada!

O casal está esperando o quinto bebê. Ao saber da novidade, a mãe reúne todos na sala e conta:
– Mamãe está grávida! Vocês ganharão um irmãozinho.
O caçula começa a chorar muito. A mãe vai consolá-lo:
– O que foi, filho?
– Não quero um irmãozinho chinês, mãe!
– Mas seu irmãozinho não será chinês, meu filho.
– Não minta pra mim, mãe. Eu vi na televisão que, a cada cinco crianças que nascem no mundo, uma é chinesa.

– O que você tem, rapaz, com essa cara fúnebre?
– Ora, escrevi pro meu pai pedindo dinheiro para comprar livros...
– E ele negou?
– Pior. Mandou os livros.

Juquinha põe a mão na barriga da tia grávida e diz:
– O que é isso?
– É o meu filho, Juquinha.
– E você gosta dele?
– Claro que sim.
– Ué, então por que engoliu o coitadinho?

FAMÍLIA

— Vovô, não quer que eu traga os seus óculos?
— Para que, meu neto? Apesar da idade, eu ainda não preciso deles para ver televisão.
— Precisa, sim, vovô, porque já faz meia hora que o senhor está olhando para o forno.

— Papai, como é que eu nasci?
— Foi a cegonha que trouxe.
— E você, papai, como nasceu?
— Minha mãe me trouxe de Paris.
— E o vovô, como nasceu?
— O vovô foi achado em uma horta de repolho.
— Quer dizer, papai, que em nossa família, há três gerações que não acontece um parto normal?

Ao chegar em casa, a mãe chama Joãozinho e pergunta:
— Joãozinho, o que você fez enquanto a mamãe saiu?
— Mamãe, pode ficar orgulhosa de mim! Fiz três tarefas para ajudar você no serviço da casa.
— É mesmo, Joãozinho? E quais foram essas três tarefas?
— Eu lavei e enxuguei a louça e, depois, eu varri os cacos da louça...

59

FAMÍLIA

A criança pergunta ao pai:
— Papai, quando eu vim ao mundo, quem me deu a minha inteligência?
— Com certeza a sua mãe, já que eu ainda tenho a minha...

— Oi, amor! Nossa, como você está cheiroso! – diz a mulher, toda dengosa, ao marido.
— O que foi, Valquíria?
— Nada! Não posso elogiar você, não?
— Fale logo, Valquíria.
— Ai, amor, que bobagem. Mas, sabe, eu queria mesmo pedir uma coisinha... Posso?
— O que é dessa vez?
— É uma coisinha bem pequena...
— Fale logo, Valquíria...
— Compra um rádio de presente para o seu docinho aqui?
— Ah, só um rádio! – responde ele, aliviado. – E que tipo de rádio você quer, querida?
— Ah... Pode ser um daqueles que têm um carro por fora!

— Papai, boa notícia. O senhor não precisa gastar dinheiro com livros no ano que vem, pois vou repetir o ano.

O bebezinho da casa do Juquinha chorava o dia inteiro. Um dia, não aguentando mais aquele berreiro, o amigo do Juquinha diz para ele:
— Seu irmão é chato, hein? O menino é chorão!
— Pois eu acho que ele está certo.
— Certo como?
— Queria ver o que você faria se não soubesse falar, fosse banguela, careca e não conseguisse ficar em pé!

FAMÍLIA

O rapaz está indo estudar numa faculdade do interior e, quando ele sobe no ônibus, o pai vai logo avisando:
– Eu vou fazer o possível e o impossível para manter você durante o ano inteiro, mas saiba de uma coisa, se você for reprovado, eu vou pegar você!
Chegando lá, o rapaz cai na farra e no final do ano não dá outra, é reprovado. Desesperado, manda uma mensagem para a mãe: "Mamãe, prepare o papai! Fui reprovado!".
Dois dias depois, a mãe lhe responde: "Papai preparado! Prepare-se você!"

O pai manda seu filho ir deitar. Depois de alguns minutos, ele ouve:
– Paaaiiii...
– O que é?
– Estou com sede. Pode me trazer um copo de água?
– Não. Devia ter lembrado antes. Apague a luz e vá dormir!
Cinco minutos depois:
– Paaaiiii...
– O que é?!
– Estou com sede. Pode me dar um copo de água?
– Já disse que não. Se voltar a me chamar, vai ficar de castigo!
Cinco minutos depois:
– Paaaiiii...
– O QUE É???
– Quando vier me dar o castigo, pode trazer um copo de água?

GEOGRAFIA

— Quero um mapa-múndi.
— De que tamanho?
— Se não for muito caro, do tamanho natural.

GEOGRAFIA

Depois de ganhar na loteria, um caipira vai para a cidade grande fazer algumas compras. Lá, ele se encanta por um prédio e resolve comprá-lo.
– Mas cumé que eu vô levar esse troço grande lá pro meu sítio? – o caipira se pergunta depois de ter comprado o prédio. – Já sei, vou empurrando!
Então, ele coloca a mala de dinheiro do seu lado e começa a empurrar o prédio.
Um rapaz passa ao lado do caipira e pega a mala de dinheiro sem que ele perceba.
Depois de empurrar muito, o caipira, cansado, resolve parar para descansar. Olhando de lado e sem ver a mala, diz:
– Nossa! Como eu tô longe! Num dá nem pra ver mais a mala!

– Doca, você sabe onde fica a Itália?
– Sei, professora, na página 52.

GEOGRAFIA

A professora pergunta ao Joãozinho:
— O que o seu pai faz?
— Ele está desempregado, professora.
A professora pergunta de novo:
— O que ele fazia quando não estava desempregado?
— Ele caçava elefantes na Floresta Amazônica.
— Mas não há elefantes na Floresta Amazônica!
— É por isso que ele está desempregado!

A professora pergunta:
— O que é um cometa?
Joãozinho responde:
— É um astro com cauda.
— Muito bem. Cite um.
— Mickey Mouse.

Um homem caminha pela praia e tropeça numa velha lâmpada. Ele a esfrega e um gênio salta lá de dentro.
— Ok. Você me libertou da lâmpada — diz o gênio. — Esqueça aquela história de três desejos, você tem direito a um desejo apenas. Diga o que quer.
— Eu sempre quis ir ao arquipélago de Fernando de Noronha, mas tenho medo de voar. De navio, costumo ficar enjoado — falou o homem. — Você poderia construir uma ponte até Fernando de Noronha para que eu pudesse ir de carro?
— Impossível! — riu o gênio. — Pense na logística do assunto. São ilhas oceânicas afastadas da costa. Como as colunas de sustentação poderiam chegar ao fundo do Atlântico? Pense em quanto concreto armado, quanto aço, mão de obra... Pense em uma coisa mais razoável.
— Sabe, eu fui casado quatro vezes e me separei. Minhas esposas sempre disseram que eu não me importava com elas e que sou insensível. Então, meu desejo é poder compreender as mulheres.
— Vai querer a ponte com duas ou com quatro pistas?

64

GEOGRAFIA

Sabendo que seu filho não gosta de assuntos religiosos, a mãe estranha ao ver o filho ajoelhado no quarto, ao lado da cama, com as mãos juntas.
— O que está fazendo, meu filho?
— Pedindo para o Papai do Céu que o Rio Amazonas vá para a Bahia — responde o menino.
— Mas por quê?
— Porque foi isso que eu escrevi na prova de Geografia.

Uma pesquisadora do IBGE bate à porta de um sitiozinho perdido no interior.
— Essa terra dá mandioca?
— Não, senhora — responde o roceiro.
— Dá batata?
— Também não, senhora!
— Dá feijão?
— Nunca deu!
— Arroz?
— De jeito nenhum!
— Milho?
— Nem brincando!
— Quer dizer que por aqui não adianta plantar nada?
— Ah! Se plantar, é diferente...

No concurso para carteiro, a primeira questão é: qual é a distância entre a Terra e a Lua?
Um dos candidatos se levanta no ato e devolve a prova, em branco, ao examinador:
— Se é para trabalhar nesse percurso, eu desisto do emprego.

65

GEOGRAFIA

— Por favor, dê-me uma passagem para Magnólia.
O bilheteiro pega o mapa e, depois de examiná-lo, informa:
— Não sei onde fica Magnólia, a senhora sabe?
— Sei, sim, senhor. Ela está ali sentada na mala de viagem.

O caipira vai para a cidade grande. Chegando lá, ele tem que atravessar a linha do trem e, quando está no meio dela, o trem aparece. Ele sai correndo com o trem atrás. Depois de muito sufoco, o caipira salta da linha e continua a sua viagem.
Ao chegar no centro da cidade, avista uma loja de brinquedos. Ele se aproxima da vitrine e vê uma miniatura de um trem em movimento.
Ainda sob efeito do susto, pega um pedaço de madeira e começa a destruir a vitrine da loja e o trenzinho.
Os guardas o pegam enquanto ele ainda tenta bater no brinquedo.
— Você está maluco? Pare! – ordena um dos guardas.
— Essa coisa tem que ser destruída enquanto é fiôte – diz o caipira. – Depois de grande, ninguém consegue matar mais.

No navio:
— Ai, capitão... Estou com muito enjoo... Estamos muito longe da terra?
— Não. Três quilômetros.
— Que bom! Em que direção?
— Para baixo!

GEOGRAFIA

Num pequeno vilarejo da Suécia, havia um lenhador extraordinário: baixinho, miudinho, magrinho, mas diziam que conseguia derrubar dez árvores em dez minutos. Sua fama, como era de se esperar, espalhou-se pelo mundo afora. Um telejornal famoso mandou um repórter entrevistá-lo:
– Quer dizer que você derruba dez árvores em dez minutos?
– Às vezes mais.
– E onde foi o seu primeiro emprego?
– No Deserto do Saara.
– Mas no Saara não tem floresta alguma.
– Hoje!

– Como foi no exame?
– Como no Polo Norte.
– Como assim?
– Tudo abaixo de zero.

GEOGRAFIA

Um americano e um francês vão passar as férias no Rio de Janeiro. Eles dividem um táxi para passear pela cidade maravilhosa. Quando conversam sobre grandes monumentos históricos, o americano, gabando-se, diz:
– Vocês sabiam que a Estátua da Liberdade foi construída em apenas um mês?
O francês não quer deixar barato e responde:
– É mesmo? E vocês sabiam que a Torre Eiffel foi construída em apenas uma semana?
O taxista ouve tudo calado quando, a um certo ponto do passeio, passam perto do Cristo Redentor.
– O que é aquilo? – perguntam o americano e o francês, maravilhados, ao taxista.
– Não sei – responde o taxista.
– Mas quando eu passei aqui ontem, aquilo não estava lá!

Dudu chega em casa, vai fazer a lição e pede ajuda ao pai:
– Pai, onde fica a Torre Eiffel?
– Não sei, pergunte para a sua mãe. É ela que guarda tudo aqui em casa.

Um estudante:
– Tenho inveja dos rios.
– Por quê?
– Porque seguem o seu curso sem abandonar o leito.

– Londres é a cidade de mais neblina do mundo.
– Que nada! Eu já passei em uma cidade de maior neblina.
– Qual?
– Era tanta neblina que não pude ver a cidade.

68

GEOGRAFIA

O moço vai comprar passagens na rodoviária. Na sua frente, o outro moço fala:
– Aparecida. Ida.
Então, na sua vez, ele fala:
– Ubatuba. Uba.

O menino chega da escola e fala para o pai:
– Pai, é verdade que, quando aqui é dia, é noite do outro lado do mundo?
– É, meu filho!
– E é verdade que quando aqui é verão, lá é inverno?
– É!
– Então hoje do outro lado do mundo alguém tirou dez no teste de Geografia!

– Saiba você que eu e minha mulher vivemos seis anos sem uma briga, nem bate-boca, nem nada.
– Que beleza!
– Bem, depois resolvi deixar o Acre e voltar para casa.

O caipira está andando de bicicleta pela estrada, quando de repente para um carrão importado ao lado dele. O motorista abre o vidro e pergunta:
– Por favor, amigo... Esta estrada vai para São Paulo?
– Sei não, dotô... Mas si ela fô, vai fazê uma falta danada pra nóis!

69

GEOGRAFIA

Na aula de Geografia, a professora pergunta:
— Joãozinho, dê três provas de que a Terra é redonda.
Depois de pensar um pouco, ele responde:
— Bem, o livro diz que é, meu pai diz que é, e a senhora também diz que é, então...

— Esta é a estrada que vai a Macaé?
— Não. A estrada fica, o senhor é que vai.

A professora pergunta para o Pedrinho:
— O que você sabe sobre o Mar Morto?
— Nada, professora. Eu nem sabia que ele estava doente!

GEOGRAFIA

Dudu pergunta para sua amiga Mariazinha:
– O que fica mais distante: Londres ou a Lua?
– A Lua, é claro!
– Resposta errada! É Londres – afirma Dudu, confiante.
– Você está maluco? Por que Londres é mais distante do que a Lua? – pergunta Mariazinha, indignada.
– Você consegue ver Londres daqui? Então...

– Como se chamam as pessoas que nascem em Macaé?
– Como posso saber, professora? Cada um tem um nome e eu não conheço ninguém lá.

Um americano viaja pelo interior do Brasil quando bate no carro de um caipira na estrada. Então, o gringo desce do carro e diz:
– Hello!
O caipira logo responde:
– Relô??? Uai, massô foi tudo, isso sim.

HISTÓRIA

O imperador do Segundo Império estava, certa vez, no banho, rodeado de cortesãos. Um filósofo persa estava presente e o imperador, voltando-se para ele, perguntou:
– Quanto calculas que eu valha, em dinheiro?
– Trinta moedas – retrucou o filósofo, prontamente.
– Mas só a toalha que eu tenho na mão vale isso!
– Já incluí a toalha...

HISTÓRIA

Durante a guerra, o capitão repara que um soldado está recuando e o questiona:
— Soldado, por que está recuando?
— Capitão, a Terra não é redonda? Pois, então, vou dar a volta e atacar o inimigo por trás! — justifica o soldado.

— Doca, fale alguma coisa sobre Tiradentes.
— Tiradentes foi um homem que morreu enforcado.
— Mas... Só isso?
— Puxa vida, professora, ele foi enforcado e a senhora acha pouco?

O professor pergunta ao aluno:
— O que aconteceu em 1769?
— Napoleão nasceu, professor.
— Muito bem! E em 1774?
— Hum... Já sei! Napoleão fez 5 anos!

— Juquinha, qual foi a primeira coisa que dom Pedro fez quando chegou ao trono?
— Sentou nele, professora!

HISTÓRIA

Ao ver que Joãozinho está fazendo bagunça na classe, a professora de História resolve lhe aplicar uma advertência.
– Joãozinho, levante-se! Chamada oral!
Apavorado, ele se levanta com as pernas tremendo.
– Quem foi que colocou fogo em Roma?
– Não fui eu, professora!
A professora fica brava e lhe dá um zero.
No dia seguinte, a mãe dele aparece na porta da escola para tirar satisfação:
– Eu queria saber por que a senhora deu zero para o meu menino.
– É que eu perguntei para ele quem pôs fogo em Roma e ele respondeu que não era ele!
E a mãe:
– Olhe, dona! O meu menino pode ser meio malcriado, mas ele não mente! Se ele diz que não foi ele, é porque não foi mesmo!

O professor perde a paciência com o aluno que não sabe nada. Aí, vira para ele e diz:
– Vou dar uma última chance. Se você responder certo a esta pergunta, eu passo você de ano. Responda: quantas toneladas de café o Brasil exportou no ano?
– Que ano, professor?
– Pode escolher qualquer um.
– 1500! Nenhuma tonelada!

74

HISTÓRIA

— Pai, você faz minha lição da aula de História?
— Não, meu filho.
— Pelo menos tente, pai.

A professora passa um teste sobre Júlio César, mas avisa:
— Se alguém colar, vou dar zero para todos!
Então, no meio da prova, Joãozinho sussurra:
— Juninho, o que Júlio César disse quando morreu?
— Ele disse "Até tu, Brutus?" e morreu. Mas escreva algo diferente, para a professora não notar que foi cola.
Quando a professora vai corrigir, vê na prova do Joãozinho: "Até tu, Popeye?".

Ao ver um índio famoso por ter uma memória extraordinária, o turista pergunta:
— O que você comeu no café da manhã do dia 15 de janeiro de 1958?
— Ovos — responde o índio.
Como só era permitida uma pergunta por pessoa, o turista sai meio intrigado. Vinte anos depois, esse mesmo turista, andando pelas ruas da Europa, encontra o mesmo índio sentado na calçada. Surpreso, o turista fala:
— Mas... como?
— Fritos — responde o índio.

HISTÓRIA

Vendo o boletim do neto com muitas notas vermelhas, o avô resolve lhe dar um tremendo de um sermão:
– No meu tempo, Doca, eu era o melhor aluno em História. Só tirava nota dez...
– Tudo bem, vô, só que tem um negócio!
– Que negócio, Doca?
– No seu tempo havia 60 anos a menos de história para estudar, né?

Na aula de História, a professora diz ao Joãozinho:
– Joãozinho, já que você não para de conversar, eu vou lhe fazer umas perguntas.
– Sim, professora! – diz Joãozinho sem perder a pose.
– Você sabia que, quando estava chegando ao Brasil, Cabral viu um monte?
– Lógico, professora! – fala o menino, fingindo que sabe do assunto.
– E que monte era esse, Joãozinho?
– Era um monte de índios!

O pai pergunta ao filho travesso:
– Então, como foi na prova de História?
– Ah! Não muito bem! Só perguntaram coisas de antes de eu nascer!

A professora pergunta para o Joãozinho:
– Quem disputou a Guerra Fria?
E ele responde:
– Polo Norte e Polo Sul.

76

HISTÓRIA

— Mariazinha, quando começou a Guerra dos 100 Anos? — pergunta a professora.
— O início, não sei. Só sei quando terminou.
— Quando?
— Fácil... Cem anos depois.

Na aula de História, o professor pergunta para o Joãozinho:
— Joãozinho, diga uma coisa que hoje é muito importante para nós e que há dez anos não existia.
E o Joãozinho responde:
— Eu!

Na escola, o Joãozinho decide aprontar uma travessura. Num dado momento, ele joga um aviãozinho de papel na professora, que estava escrevendo na lousa. Zangada, ela se vira para a classe e pergunta:
— Quem foi que começou com o avião?
Joãozinho, com cara de sapeca, responde:
— Foi Santos Dumont, professora!

HISTÓRIA

O professor de História entra na sala de aula. Todos se sentam e ficam em silêncio, mas um não para de mexer numa janela.
— Ei, você aí. Quer parar de mexer nessa janela e prestar atenção à aula?
— É comigo? — pergunta o que está mexendo na janela.
— Sim, é com você mesmo. E vamos começar a prova oral com você. Diga, quem foi Getúlio Vargas?
— Quem?
— Getúlio Vargas. Quem foi Getúlio Vargas?
— Conheço, não.
— E quem foi Juscelino Kubitschek?
— Sei não. Olhe aqui, eu acabei de chegar e...
Foi interrompido pelo professor:
— Fale uma coisa: você estudou a lição que eu passei?
— Não, senhor.
— Você não quer passar de ano?
— Quero, não.
— Você não quer terminar o curso?
— Quero, não.
O professor fica irritadíssimo com tamanho descaramento:
— Então, o que é que você veio fazer aqui?
— Vim consertar essa janela quebrada. Sou o marceneiro que o diretor contratou.

— Doca, você sabe quem descobriu o Brasil?
— Eu nem sabia que ele estava coberto!

HISTÓRIA

A professora pergunta:
– Juquinha! Quem foi Duque de Caxias?
– Xiii, professora... Sei, não. A única coisa que sei é que ele era bom de memória.
– Como assim "bom de memória"?
– A senhora não sabe, professora? Tem uma estátua dele lá na praça. Está escrito assim: "Dedicado à memória de Duque de Caxias".

Dia de prova oral.
A professora chama o primeiro aluno e explica as regras:
– Joãozinho! Não sei se você conhece as regras, mas na prova oral você não pode olhar para os lados, nem consultar nenhum material. Pra cada pergunta que eu fizer, a sua resposta tem que ser oral. Entendeu?
– Entendi, professora.
– Então vamos começar: quem descobriu o Brasil?
– Oral.

Na volta de sua viagem ao Brasil, em plena época da Inquisição, Pedro Álvares Cabral vai visitar o papa.
– Quer dizer que foi o senhor que descobriu o Brasil? – pergunta-lhe o sumo pontífice.
– Perdão, santidade! Juro que foi sem querer.

LOUCOS

No sanatório, o psiquiatra nota que um dos pacientes está com a testa machucada.
Curioso, o médico lhe pergunta:
— Ei, amigo, o que aconteceu com a sua testa?
— Fui eu que a mordi!
— Mordeu a testa? Impossível! Como você fez para alcançar aí?
— Foi simples. Eu subi num banquinho.

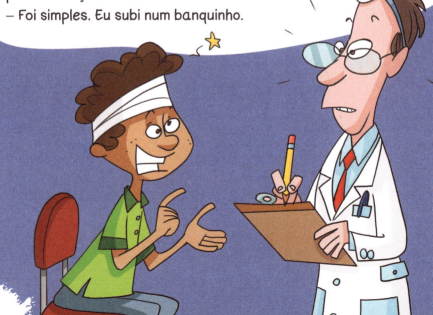

LOUCOS

Todo ano acontecia uma competição no hospício para ver qual louco conseguia bater palmas.
O primeiro louco chegou, deu um nó entre os braços e não conseguiu.
O segundo chegou, suou frio e, mesmo com muito esforço, só conseguiu bater na própria cabeça.
O terceiro, campeão do ano anterior, chegou e todos o olharam ansiosos. Com muita facilidade, ele bateu palmas... Então, todos os loucos o aplaudiram.

Durante a visita a um hospital psiquiátrico, um dos visitantes pergunta ao diretor:
– Como vocês decidem quem precisa ser hospitalizado?
– Nós enchemos uma banheira com água e oferecemos ao doente uma colher, um copo e um balde e pedimos que ele a esvazie – responde o diretor. – De acordo com a forma que ele realiza a missão, nós decidimos se o hospitalizamos ou não.
– Entendi. A pessoa tem de usar o balde, que é maior que o copo e a colher.
– Não. A pessoa tem de tirar a tampa do ralo. O que o senhor prefere? Quarto particular ou enfermaria?

LOUCOS

— Como foi o começo para o senhor? — pergunta o psiquiatra ao paciente.
— Bem, doutor, no começo eu criei o céu, a terra, o mar...

Um louco planeja detalhadamente sua fuga do hospício.
— Vou passar por cima do portão com uma escada que encontrei no pátio. Vai ser moleza!
No dia seguinte, o louco ainda está lá e o companheiro pergunta:
— Ué, você não ia fugir?
— Não deu! O portão estava aberto...

— Quem é o senhor?
— Eu sou o diretor do manicômio.
— Ah! Sai dessa! Eu entrei aqui achando que era Napoleão e não saí até agora!

LOUCOS

Em uma sala de observação em um sanatório, vários loucos passam por um teste para verificar se já estão preparados para viver em sociedade. De repente, um dos loucos desenha uma porta na parede e começa a agitar uma fuga:
– Pessoal, olhem! Uma porta, vamos fugir!
Os loucos vão todos em direção à falsa porta e dão com a cara na parede, nenhum deles escapa. O médico responsável, surpreso, vira-se para o louco que desenhou a porta e diz:
– Parabéns, você mostrou que é capaz de enganar as pessoas, e com isso percebo que você já está recuperado.
O louco retruca:
– É verdade, doutor, eu os enganei, a chave está comigo...

Acabam de construir uma piscina no hospício, e os loucos, todos alegres, passam o dia brincando e pulando do trampolim. À noite, comentam com o médico:
— Foi muito bom, doutor. Amanhã vai ter mais?
— Amanhã vai ser ainda melhor. Vai ter água na piscina.

LOUCOS

Dois loucos conversam durante o banho. Um deles fala:
— Duvido que você suba nadando pelo chuveiro.
— Eu não.
— E por que não?
— Porque quando eu chegar lá em cima, você desliga o chuveiro, e eu caio.

Dia de visita no hospício. A mulher pergunta para o marido, internado lá há um tempão:
— Aquele relógio está certo?
— Claro que não, mulher! Se regulasse bem, não estaria aqui!

O maluco liga para a padaria e pergunta:
— O pãozinho já saiu?
— Já, sim, senhor!
— E que horas ele volta?

LOUCOS

Um doido planeja fugir do hospício com um parceiro.
— Vamos fugir de noite pelo buraco da fechadura!
À noite, os dois saem de fininho e chegam à porta, então um dos doidos diz:
— Ih! Pode desistir, não vai dar mais para fugir.
— Por quê?
— Esqueceram a chave na fechadura.

Um louco acaba de sair do hospício, para um táxi e pergunta ao motorista:
— O senhor está livre?
— Estou.
— Então... Viva a liberdade!

LOUCOS

Um cara passa perto do hospício e escuta uma baita gritaria:
– Oito, oito, oito...
Movido pela curiosidade, o cara vai até perto do muro, pega umas caixas, sobe e olha do outro lado. Nessa, um grupo de loucos joga um balde cheio de água na cara do curioso e, em seguida, vem um coro:
– Nove, nove, nove...

No hospício, o doido telefona para o corpo de bombeiros e avisa:
– Tá pegando fogo no hospício.
Os bombeiros chegam depressa ao local:
– Onde é o fogo?
E o doido:
– Vocês vieram tão rápido que ainda nem deu tempo de botar fogo.

Desesperada, uma mulher entra no consultório de um psiquiatra:
– Doutor, por favor, ajude-me. O problema é com meu marido. Ele está conversando com o abajur do nosso quarto!
– Como? Conversando com o abajur?
– Isso mesmo! Ajude-me, doutor.
– Tudo bem, tudo bem. Mas, diga-me: que tipo de conversa ele mantém com o objeto?
– Não sei, doutor. Eu nunca o vi conversando.
– Ué, mas a senhora não disse que ele estava conversando com o abajur?
– Sim, mas eu nunca o peguei no ato!
– E como a senhora sabe disso?
– Foi o abajur que me contou!

86

LOUCOS

Um louco pergunta para outro:
— Que horas são?
— Faltam 15 minutos.
— Quinze minutos para o quê?
— Sei lá. Perdi o ponteiro das horas.

O sujeito era conhecido como o louco mais engraçado do hospício. Todos que ficavam perto dele nunca paravam de rir. Certo dia, no pátio, os amigos dele o veem deitando no chão e rolando de tanto gargalhar.
— Ei, amigo! — chama um dos colegas.
— Posso saber por que você está rindo tanto?
— É que eu acabei de me contar uma piada que eu ainda não conhecia!

O pneu do carro de João fura em frente ao hospício. Ele desce e tira as porcas da roda. De repente, as porcas caem num bueiro. Um dos internos assiste à cena de dentro do manicômio e aconselha o João:
— Tire uma porca de cada uma das três rodas para segurar a que ficou solta, até chegar a um posto de gasolina.
— Que ótima ideia! Obrigado! Nossa, eu nem sei por que você está aí dentro...
— Eu estou aqui por ser doido, não por ser burro.

LOUCOS

O maluco passeia com uma caixa de fósforo amarrada num barbante, quando passa um sujeito e pergunta:
– Passeando com seu cachorrinho?
O maluco faz uma cara séria.
– Por acaso o senhor é doido? Não está vendo que isso aqui é uma caixa de fósforo amarrada num barbante?
Quando o sujeito vai embora, o maluco cochicha para a caixa de fósforo:
– Viu, Lulu? Conseguimos enganá-lo!

O doido atende ao telefone do hospício:
– Alô, é do hospício?
– Não, aqui nem tem telefone!

O maluco pede para o enfermeiro:
– Eu preciso de uma cama bem forte!
– Por quê? Você não é gordo nem nada!
– É que eu tenho o sono pesado

LOUCOS

Dois loucos pegam o carro do diretor do hospício e saem para dar uma volta.
No caminho, conversam:
– Como as árvores passam rápido!
– Certo. Voltaremos de árvore.

Um homem passa na frente de um hospício, quando de repente olha para o muro e vê um louco olhando para ele. Então, o louco fala:
– Eu vou pegar você!
O homem nem liga e continua andando.
– Eu vou pegar você! Cuidado! – o louco fala de novo.
O homem fica meio apreensivo e apressa o passo.
– Eu vou pegar você! – o louco diz mais uma vez e, então, pula o muro do hospício. O homem corre, e o louco vai atrás. Começa uma verdadeira perseguição. De repente, o homem se vê encurralado num beco sem saída, e o louco o alcança.
– Por favor, não me mate! Por favor! – grita o homem, desesperado.
O louco chega perto do homem, toca nele e diz:
– Peguei! Agora está com você!

LOUCOS

Após uma reunião, o diretor de um hospício decide fazer um teste com os loucos para ver quem está curado. Então, pede aos médicos para saírem gritando que o hospício está inundando. Todos os loucos se atiram ao chão e começam a "nadar", apenas um louco fica sentado no banco.
Um dos médicos pergunta para o louco se ele não vai fugir da inundação, e ele responde que não. Pensando que o paciente está curado, o médico pergunta:
— Por que você não vai fugir?
— Porque eu prefiro esperar a lancha.

Um doido chega para uma senhora na calçada e pergunta:
— Minha senhora, por favor, onde é que fica o outro lado da rua?
A senhora, muito paciente, mostra a outra calçada para o maluquinho, e ele diz:
— Engraçado. Eu estava lá e me disseram que era aqui.

O doido está no hospício escrevendo uma carta, quando o médico chega, vê e pensa: "Poxa, esse cara já deve estar bom. Está até escrevendo carta!". Então ele pergunta para o doido:
— Para quem é essa carta?
— Ah, é para mim mesmo, doutor, eu nunca recebo cartas de ninguém.
— E o que está escrito nela?
— Como eu vou saber? Ainda não recebi.

LOUCOS

O visitante encontra no hospício um maluco repetindo: "Tac-tac-tac", e quer saber o que aquilo significa.
– Ele tem mania de relógio. Só que faz um tratamento psiquiátrico, e o médico conseguiu tirar o "tic".

O prefeito vai visitar o hospício da cidade. Chegando à biblioteca, percebe que tem um louco, de cabeça para baixo, pendurado no teto. Preocupado, comenta com o diretor do hospício:
– O que é que esse louco está fazendo aí no teto?
– Ele pensa que é um lustre.
– Mas é muito perigoso, ele pode cair e se machucar. Por que vocês não o tiram do teto?
– Se ele sair dali, como é que a gente vai fazer para ler no escuro?

No hospício, o louco experimenta o uniforme novo e vai se olhar no espelho:
– O que é isso, alfaiate? Você fez um macacão com três mangas!
– Ué, você não disse com quantas queria!

Em um hospício, o psiquiatra testa os loucos:
– Digam-me o que vocês entendem por objeto transparente.
Um dos loucos responde:
– É quando podemos ver através dele!
– Muito bom! Agora me dê um exemplo de um objeto transparente.
– O buraco da fechadura.

91

LOUCOS

Um maluco tira do bolso um relógio e joga num lago no jardim. Ao vê-lo fazer isso, outro maluco pergunta:
— Por que você jogou o relógio na água?
— Ora, para ver se ele nadava.
— E você deu corda nele?
— Não.
— Então como é que você queria que ele nadasse?

LOUCOS

No hospício, os dois papagaios do diretor, um vermelho e outro verde, fogem do poleiro e se instalam no galho de uma árvore no pátio.
Querendo ajudar, um dos internos sobe na árvore e traz o papagaio vermelho.
O diretor agradece:
— Muito bem, obrigado. Agora traga o outro, por favor.
— Aquele ainda não está maduro.

O hospício está com excesso de malucos. Os médicos querem se desfazer de alguns doidos, então colocam todos os malucos para pular de um trampolim em uma piscina totalmente vazia. Vai o primeiro, pula e se esborracha no chão; o segundo, o terceiro, e todos caem direto no fundo da piscina. Até que outro doido chega, sobe no trampolim, olha para baixo e volta. O médico pensa: "Oba, esse aí eu posso liberar, ele não pulou".
— Por que você não pulou?
— Não conte pra ninguém, não, mas eu não sei nadar.

PROFISSÕES

Um jovem recém-casado e recém-formado vai à sala do patrão para pedir um aumento e diz logo de cara:
– Chefe, acho que o senhor deveria aumentar meu salário. Já aviso de antemão que há quatro companhias atrás de mim.
O chefe fica preocupado. Empregado só tem valor quando a concorrência está interessada. Por curiosidade, ele pergunta:
– Se não for pedir demais, você poderia me dizer quais são as quatro companhias?
– Claro! A de água, a de telefone, a de luz e a do cartão de crédito.

PROFISSÕES

A professora pergunta para seus alunos:
– Pedrinho, onde está Deus?
– No céu.
– Muito bem!
Então, ela pergunta à Mariazinha:
– Mariazinha, onde está Deus?
– No nosso coração e no céu.
– Muito bem.
– Joãozinho, onde está Deus?
– No banheiro.
– No banheiro?
– Sim, porque eu estava tomando banho e minha mãe gritou: "Meu Deus, você ainda está no banheiro!".

O novo prefeito de uma pequena cidade ordena aos secretários:
– Tragam as folhas de pagamento que quero ver se existe alguém ganhando mais do que eu!
Com os papéis na mão, ele examina tudo direitinho e esbraveja:
– Estão vendo? Bem do jeito que imaginei. Um baita de um marajá está sugando o dinheiro do povo!
– Quem? – pergunta o pessoal.
– Esse tal de Total que nunca vi trabalhando aqui!

PROFISSÕES

Uma senhora pega um táxi e indica a direção do hotel onde está hospedada. Por incrível que pareça, o taxista não diz nada durante todo o percurso, até que a senhora resolve lhe fazer uma pergunta e toca levemente em seu ombro.
Ele grita, perde o controle do carro e, por pouco, não provoca um enorme acidente. Com o carro sobre a calçada, a senhora, muito assustada, pergunta para o taxista:
– Você estava dirigindo tão bem! Como é que pôde ter um treco por conta de um simples toque no ombro?
– Não me leve a mal, senhora, mas... É que esse é o meu primeiro dia como taxista.
– E o que o senhor fazia antes disso?
– Eu fui, por 25 anos, motorista de carro funerário.

Uma pessoa dirige-se a um advogado, o mais caro da cidade:
– Eu sei que o senhor é um advogado caro, mas por mil reais posso lhe fazer duas perguntas?
O advogado responde:
– Claro! Qual é a segunda?

Uma senhora no consultório do gastro:
– Doutor, vim aqui para que o senhor tire os meus dentes.
– Mas, minha senhora, não sou dentista, sou gastro. E vejo que a senhora não tem nenhum dente na boca.
– É claro. Engoli todos.

PROFISSÕES

O homem pergunta ao amigo médico:
– Peixe realmente é saudável?
– Bom, pelo menos até hoje eu nunca atendi nenhum no meu consultório...

A professora está explicando aos alunos:
– Quem vende leite é leiteiro. Quem vende pão é padeiro. E quem vende carne? É o quê?
E Ana diz:
– É carneiro, professora.

A mãe pergunta ao filho:
– Você será oculista como o papai?
– Não, serei dentista.
– Por quê?
– Porque as pessoas só têm dois olhos, mas têm 32 dentes.

PROFISSÕES

— Ah! Eu devo a minha fortuna aos erros dos outros.
— O senhor é advogado?
— Não, sou fabricante de borrachas.

A escola manda a turma de alunos para uma delegacia para aprender como a polícia trabalha. Joãozinho vê um cartaz com dez fotos dos assaltantes mais procurados. Ele aponta para uma das fotos e pergunta ao policial se aquele é realmente um assaltante perigoso procurado.
— É, sim, meu, filho – responde o guarda. – Os investigadores estão procurando por ele.
— Por que vocês não o prenderam quando tiraram a foto?

Vendedor ambulante, para a dona de casa.
— Interessa-lhe uma apólice de seguros?
— Não, já tenho uma.
— E uma enciclopédia?
— Não, senhor. Muito obrigada.
— Uma bateria eletrônica com 837 ritmos diferentes?
— Claro que não! Não quero nada!
— Para se ver livre de mim, a senhora compraria um sabonete?
— Compro até dois!
— Obrigado, senhora. É isso mesmo que eu vendo. São cinco reais.

PROFISSÕES

O garoto de 8 anos liga para a clínica e pergunta:
– Tem oftalmologista aí?
– Tem, sim – responde a recepcionista. – Quer marcar uma consulta?
– Não. Eu só estou tentando ajudar o meu pai.
– Ele está precisando de oftalmologista?
– Acho que sim! Hoje de manhã eu o ouvi reclamando que a lâmina de barbear está ficando cega!

Em meio à batalha, o soldado alerta seu capitão:
– Capitão, há uma tropa se aproximando.
– São amigos ou inimigos? – pergunta o capitão.
– Devem ser amigos, pois estão vindo todos juntos – responde o soldado.

– Você sabia que o meu irmão, antes de ser jogador de futebol, foi sapateiro?
– Ah, então é por isso que ele só entra de sola!

PROFISSÕES

— Chefe, o senhor me desculpe, mas minha família está passando fome. O que o senhor paga não dá para nada...
E o patrão:
— Ok, está desculpado!

Aquela paciente que adora tomar remédio vai ao médico se queixar:
— Ai, doutor... Sempre que ando do supermercado até minha casa, eu fico exausta. Não sei mais o que fazer! O que o senhor me aconselha a tomar, doutor?
— Tome um táxi.

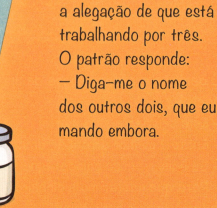

O empregado pede aumento de salário sob a alegação de que está trabalhando por três. O patrão responde:
— Diga-me o nome dos outros dois, que eu mando embora.

PROFISSÕES

Um fotógrafo de um famoso jornal precisa fazer um serviço urgente: fotografar uma gigantesca queimada em uma reserva florestal. Depois de chegar ao aeroporto, ele aluga um pequeno avião e corre para a pista. Lá, ele encontra um piloto, entra no avião e grita:
— Vamos!
O piloto decola. Em pleno voo, o fotógrafo diz:
— Você está vendo aquela fumaça lá na frente? Quero que você chegue o mais próximo que puder!
— Mas, por quê? — pergunta o piloto.
— Ué, para tirar minhas fotos! Eu sou fotógrafo!
O piloto fica alguns segundos em silêncio e fala:
— Deixe de brincadeira! Fale logo que você é o meu professor de pilotagem!

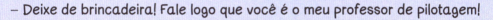

O vendedor ambulante bate à porta da dona de casa:
— Minha senhora, tenho aqui linhas, agulhas, alfinetes, presilhas, zíperes, pentes, escovas, grampos...
— Moço, eu não preciso de nada disso! Já tenho tudo!
— Então, que tal comprar este livro de orações para agradecer a Deus por não lhe faltar nada?

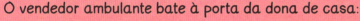

O dentista examina a boca de um paciente e diz:
— Este seu dente está morto!
— Então é melhor arrancar, doutor!
— Se quiser, posso colocar uma coroa nele.
— Para que gastar mais dinheiro? Prefiro enterrá-lo sem cerimônias.

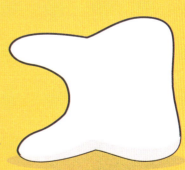

PROFISSÕES

No quartel, o general faz perguntas aos soldados.
— Soldado 1, para você, o que é a pátria?
— É a minha mãe, senhor!
O general se surpreendeu, mas continuou com as perguntas.
— E para você, soldado 2, o que é a pátria?
— É a mãe do soldado 1, senhor!

O médico pergunta ao paciente:
— O senhor tomou o remédio que eu lhe receitei?
O paciente responde:
— Impossível, doutor. O vidro tinha um rótulo que dizia: "Conservar fechado".

— Não tenha medo, não vai doer nada.
— Não diga besteira, eu também sou dentista.

PROFISSÕES

Três sujeitos discutem sobre quem, entre eles, tem a profissão mais antiga.
– Eu não quero contar vantagem, mas os meus antepassados construíram a Arca de Noé – diz o marceneiro.
– Isso não é nada! – responde o jardineiro, orgulhoso. – Foram os meus antepassados que plantaram o Jardim do Éden.
– Tudo bem – diz o eletricista. – Mas quando Deus disse "Faça-se a luz", quem vocês acham que tinha preparado a fiação?

O gerente chama o empregado da área de produção, um cara forte, com 1,90 metro de altura, 100 quilos, recém-admitido, e pergunta:
– Qual é o seu nome?
– Eduardo – responde o empregado.
– Olhe, eu não sei como era onde você trabalhou antes, mas aqui nós não chamamos as pessoas pelo primeiro nome. É muito familiar e pode levar à perda de autoridade. Eu só chamo meus funcionários pelo sobrenome: Ribeiro, Matos, Souza. E quero que me chame de Mendonça. Bem, agora quero saber: qual é o seu nome completo?
– Meu nome é Eduardo Paixão.
– Certo, Eduardo. Pode ir agora...

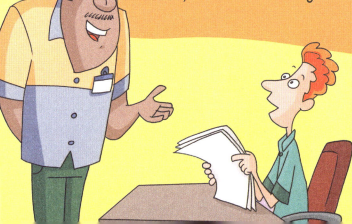

PROFISSÕES

— Então você quer ocupar o posto de contador?
— Sim, senhor!
— Pode me apresentar alguma recomendação da sua antiga firma?
— Sim, eles recomendaram que eu procurasse outro emprego!

A garota chega em casa após a sua estreia como cantora.
— Você foi muito ovacionada? — pergunta o pai, eufórico.
— Muito, papai! Ovacionada, tomateada, alaranjada...

Guarda: — Senhor delegado, o ladrão acaba de fugir.
Delegado: — Impossível. Não mandei vigiar todas as saídas?
Guarda: — Sim, mas ele fugiu pela entrada.

104

PROFISSÕES

O cara chega a uma empresa e pede um emprego. O gerente pergunta:
— Qual o cargo que o senhor quer?
— De presidente!
— O senhor é louco?
— Não! Precisa ser?

Muito impressionada, uma senhora observa um carpinteiro trabalhar. O homem está com uma tábua na mão esquerda, o martelo na mão direita e os pregos na boca. Então, ela diz:
— Cuidado! O senhor pode engolir os pregos sem querer.
— Não faz mal, senhora — diz o carpinteiro. — Tenho outros!

Professor: — Por que você está atrasado?
Aluno: — Por causa da placa, professor.
Professor: — Que placa?
Aluno: — A placa que diz "Escola, devagar".

PROFISSÕES

O rapaz chega ao médico e diz:
— Doutor, eu estava jogando bola e minha perna foi confundida!
— Não seria contundida o que você está querendo dizer, meu jovem?
— Não, doutor, é confundida mesmo. Chutaram a minha perna no lugar da bola.

O diretor da prisão diz:
— Todos aqui têm de aprender um ofício, arranjar uma ocupação. Você aí, o que deseja ser?
— Caixeiro-viajante, senhor diretor.

O médico anestesista vai dar uma surra no filho.
— Um instante, papai! Que tal uma anestesia local antes das chineladas?

PROFISSÕES

– Cara, desempregado de novo? Por que deixou seu último emprego?
– Porque fizeram um negócio que me deixou muito chateado.
– Ah, é? O que foi?
– Eles me despediram...

O patrão chega para o empregado e diz:
– Está despedido!
– Mas, por quê? Eu não fiz nada!
– Eu sei! É por isso que você está despedido!

Professor bravo com o aluno:
– Você prometeu que iria se comportar, e eu prometi a você que, se você não se comportasse, eu iria lhe dar um zero. Você não cumpriu sua promessa!
E o aluno:
– Não tem problema, professor. O senhor também não precisa cumprir a sua.

MATEMÁTICA

A professora ao Juquinha:
— Se 2 mais 2 são 4, e 4 mais 4 são 8, quanto é 8 mais 8?
— Ah, professora! A senhora respondeu as duas perguntas fáceis e deixou a mais difícil para mim? Isso não é justo.

MATEMÁTICA

Um cara para num posto de gasolina para abastecer, e o frentista fala:
– O senhor é a última pessoa que vai pagar o preço antigo. De agora em diante, aqueles que chegarem vão pagar o preço novo.
– Que legal! Então, encha o tanque, por favor.
– Está bem.
– Diga uma coisa, rapaz. Para quanto subiu o combustível?
– Não subiu, não, senhor... Abaixou 20%!

Um assaltante aborda Joãozinho no meio da rua.
– Pare! – grita.
– Ímpare! – responde Joãozinho estendendo três dedos.
– Ei, eu estou roubando você! – fala o ladrão.
– Então não brinco mais. Tchau!

A professora tenta ensinar Matemática para o Joãozinho:
– Se eu der quatro chocolates para você hoje e mais três amanhã, você vai ficar com... com... com...?
E o garoto:
– Contente!

No museu, o guia diz para a criançada da escola:
– Esta múmia aqui tem 10 mil anos, 3 meses e 10 dias.
– Como o senhor sabe com tanta precisão?
– Simples. Quando eu comecei a trabalhar aqui, a múmia tinha 10 mil anos.

MATEMÁTICA

Doquinha está em uma avenida com suas malas e pergunta ao motorista de táxi:
— Quanto o senhor cobra para me levar até a rodoviária?
— Cinquenta reais.
— E as malas?
— Não cobro nada.
— Então, por favor, leve as malas que eu vou a pé mesmo.

O professor de Matemática pergunta ao aluno:
— Se você tivesse 30 reais num bolso e 70 no outro, o que teria?
— Calça de uma outra pessoa, professor!

— Quantos dedos eu tenho nessa mão, Joãozinho?
— Cinco, professora!
— Se eu tirar três, o que acontece?
— A senhora fica aleijada!

O fazendeiro vai viajar e recomenda ao filho:
— Amanhã vai vir aqui um comprador de bois. O preço do boi é 3 mil reais. Mas, se ele pechinchar, é 2.500.
No dia seguinte, o fazendeiro viaja e chega o comprador:
— Bom dia, garoto. Por quanto o seu pai está vendendo o boi?
— É 3 mil — diz o menino. — Mas, se pechinchar, é 2.500!

MATEMÁTICA

Durante a aula de Matemática, o professor pergunta para o Joãozinho:
— Vamos imaginar que você tem um real no bolso e pede ao seu pai mais um real. Com quantos reais você fica?
— Um real!
— Você não sabe nada de Matemática.
— E o senhor não sabe nada sobre o meu pai.

— Quantos anos você tinha no seu último aniversário?
— Sete.
— E quantos anos você terá no seu próximo aniversário?
— Nove.
— Não pode, Joãozinho, pense bem...
— Pode, professora. Estou fazendo 8 anos hoje.

— Quero 1 quilo de leite.
— Menino, o leite não se pesa, mede-se.
— Ah! Então me dê 1 metro dele!

O professor de Matemática levanta uma folha de papel em uma das mãos e pergunta para Joãozinho:
— Se eu dividir essa folha de papel em quatro pedaços, Joãozinho, com o que eu fico?
— Quatro quartos, professor!
— E se eu dividir em oito pedaços?
— Oito oitavos, professor!
— E se eu dividir em 100 pedaços?
— Papel picado, professor!

MATEMÁTICA

Juquinha era um menino muito pobre que mandou uma carta para o Papai Noel. Assim que a carta chegou ao correio, os funcionários não se contiveram e abriram a carta. Nela, Juquinha dizia que queria 200 reais para comprar remédios para sua mãezinha que estava doente. Dizia também que era muito pobre e muito trabalhador. Sensibilizados, os funcionários do correio arrecadaram 100 reais e enviaram para o Juquinha. Passado algum tempo, chegou outra carta do garoto para o Papai Noel. A carta dizia: "Caro Papai Noel, muito obrigado pelo dinheiro, mas eu gostaria de pedir um favor: da próxima vez, entregue pessoalmente, porque o pessoal do correio passou a mão na metade!".

MATEMÁTICA

Com sérios problemas financeiros, um caipira vende sua mula por 100 reais a outro caipira, que concorda em receber o animal um dia depois. No dia seguinte, o primeiro caipira chega e diz:
– Cumpadi, cê me desculpa, mas a mula morreu.
– Morreu?
– Morreu.
– Então devolve o dinheiro.
– Ih... já gastei.
– Então me traz a mula.
– Mas o que cê vai fazer com uma mula morta?
– Vou rifar.
– A mula morta? Quem vai querer?
– É só eu num falá que ela morreu, ué!
Um mês depois, os dois se encontram, e o caipira que vendeu a mula pergunta:
– Ô, cumpadi, e a mula morta?
– Rifei. Vendi 500 bilhetes a dois reais cada. Faturei 998 reais.
– Eita! E ninguém reclamou?
– Só o homem que ganhou.
– E o que cê fez?
– Devolvi os dois reais dele.

MATEMÁTICA

Dois caipiras fazem um jogo de adivinhação. Um deles pergunta:
— Se ocê adivinhá quantos porcos eu tenho, eu dô um pra ocê e fico com os ôtros três.

O caipira desce do ônibus na rodoviária em São Paulo e começa a caminhar, deslumbrado com a cidade grande.
Ao passar por uma lixeira, ele lê a seguinte inscrição: "Colabore com a limpeza pública".
Sem pestanejar, ele enfia a mão no bolso, abre a carteira, saca uma nota de R$ 10,00 e enfia na lixeira.

Professor: — Tenho sete laranjas nesta mão e oito laranjas na outra. O que é que eu tenho?
Aluno: — Mãos grandes!

MATEMÁTICA

— Meu filho, será que a professora não desconfia que eu esteja resolvendo os seus exercícios de Matemática?
— Desconfia, sim, pai. Ela diz que é impossível uma pessoa só fazer tanta besteira.

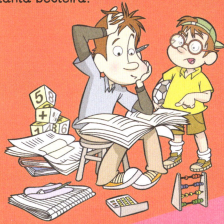

A professora pergunta para o Zeca:
— Zeca, quanto é 5 mais 3?
— Não sei, professora.
— Oito, Zeca! Oito!
— Essa não, professora! Ontem mesmo a senhora disse que 8 é 4 mais 4!

A mãe pergunta:
— Filhinha, o que estudou na escola hoje?
— Hoje eu estudei Álgebra, mamãe.
— Ah, que bom! Então diz "bom dia" para a mamãe em Álgebra.

— Fui ao dentista para tirar um dente e ele me tirou três.
— Seus dentes estavam ruins?
— Não. Mas o dentista não tinha troco.

— O que devo fazer para repartir 11 batatas para 7 pessoas?
— Purê de batata, professor!

115

MATEMÁTICA

O médico diz ao paciente:
— O senhor tem que entrar em forma!
— Eu estou em forma... Redondo é uma forma, não é?

— Doca, você sabe quanto é 1 menos 1?
— Não sei, professora.
— Vou dar um exemplo: faz de conta que há um abacate em cima da mesa. Se eu comer, o que é que fica?
— O caroço.

Um garotinho vai à mercearia e pergunta:
— Quanto custa uma dúzia de ovos?
— Cinco reais... — responde o vendedor.
— E se eu devolver as cascas?

Na aula de Matemática, o professor explica o cálculo de uma enorme equação e, depois de algum tempo, conclui:
— E é dessa maneira que chegamos à conclusão de que x é igual a zero!
— Puxa, professor! — diz uma aluna. — Tanto trabalho por nada!

MATEMÁTICA

O garoto chega da escola e a mãe pergunta:
– Filho, que nota você tirou na escola?
– Tirei dez, mãe!
– Nossa, filho! Que alegria ouvir isso!
– Obrigado, mãe.
– Mas hoje você viu o resultado das provas de Português e Matemática, né, filho? Você tirou dez nas duas?
– Não, mãe... Tirei 1 em uma e 0 na outra.

A professora pergunta aos alunos:
– Se eu como 3 peras, 7 bananas, 15 laranjas e 1 melancia, qual será o resultado?
Do fundo da sala, alguém grita:
– Uma dor de barriga!

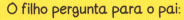

O filho pergunta para o pai:
– Pai, o senhor alguma vez já viu R$ 10,00 amassados?
– Claro, várias vezes. Até já amassei algumas notas de R$ 10,00.
– E R$ 100,00, já viu?
– Sim, já vi uma vez com uma senhora na fila do banco.
– E R$ 50.000,00 amassados, o senhor já viu?
– Não, aí também é demais, filho.
– Então vá lá na garagem que você vai ver...

MATEMÁTICA

Um homem dirigia em alta velocidade, quando se deparou com uma placa que dizia: "Reduza a 70 km". E o cara diminuiu a velocidade para 70. Logo ele viu outra placa: "Reduza a 50 km". O homem, sem entender muito, reduziu a velocidade novamente. Pouco depois, outra placa: "Reduza a 30 km". O homem, muito nervoso, reduziu a velocidade. Então, outra placa: "Reduza a 10 km". Aí ele ficou uma fera. Onde já se viu andar nessa velocidade? Pouco depois, havia outra placa: "Bem-vindo a Reduza!"

Doca vai ao bar e pergunta:
– Quanto é o café?
E o balconista responde:
– Um real.
– E o açúcar?
– É de graça.
– Ah, então me dá 2 quilos de açúcar.

O pai, com ar pensativo, segurando o boletim escolar do filho em uma das mãos, diz para ele:
– É uma pena que não deem nota de coragem. Você teria nota dez por trazer isto para casa...

Dois chefes de seção conversam no café da repartição e um deles pergunta:
– Quantos funcionários trabalham na sua seção?
O outro pensa, faz alguns cálculos e responde:
– Mais ou menos a metade...

MATEMÁTICA

Um homem chega em uma cidadezinha do interior e, ao entrar no hotel, estranha os preços das diárias: havia diária de R$ 100,00, uma de R$ 50,00 e outra de R$ 10,00. O caipira atende e explica:
– Na de R$ 100,00, tem televisão, vídeo e sauna. Na de R$ 50,00, não tem sauna. Na de R$ 10,00, tem que fazer a cama!
O viajante não tem dúvida:
– Fico nessa! Fazer a cama pra mim não é problema!
– Certo... Então pode pegar a madeira, os pregos e o martelo ali no fundo!

Um professor de Matemática dá queixa na delegacia sobre o atropelamento que sofreu:
– Anotou a placa?
– Anotar não anotei, mas eu sei que o número, se for duplicado e depois multiplicado por ele mesmo, a raiz quadrada do produto será a mesma do número original, só que invertida.

– Qual foi o assunto da avaliação de Matemática hoje, filho?
– Procurar o máximo divisor comum.
– Puxa vida! Ainda não acharam esse cabra? Desde o meu tempo de colégio que o procuram.

No fim do primeiro dia de aula, o Joãozinho chega em casa muito satisfeito e diz para o pai:
– Pai, o meu professor de Matemática me fez um elogio hoje!
Surpreso, o pai pergunta:
– Ah, é mesmo?! Então, o que ele falou para você?
– Na verdade, ele não falou nada para mim. Mas ele disse que agora o Carlinhos é o pior aluno da sala!

LÍNGUA PORTUGUESA

– Joãozinho, dê o exemplo de um verbo.
– Bicicreta.
– Não se diz "bicicreta". É bicicleta. Além disso, bicicleta não é um verbo, meu querido. Tente outra vez.
– Prástico.
– Não é "prástico". É plástico. E plástico também não é verbo. Tente de novo.
– Hospedar.
– Muito bem! Agora construa uma frase com esse verbo.
– Os pedar da minha bicicreta são de prástico.

LÍNGUA PORTUGUESA

— Dudu, diga o presente do indicativo do verbo caminhar.
— Eu caminho, tu caminhas, ele caminha...
— Mais depressa!
— Nós corremos, vós correis, eles correm!

Na sala, o garotinho reclama:
— Professora, eu não tem lápis!
A professora corrige:
— O correto é "Eu não tenho lápis", "Tu não tens lápis", "Ele não tem lápis", "Nós não temos lápis", "Vós não tendes lápis" e "Eles não têm lápis", entendeu?
— Não! — responde o garoto, confuso. — Onde é que foram parar todos esses lápis?

O caipira entra no cartório para registrar o filho:
— Pois não — diz a atendente. — Qual o nome da criança?
— Ebatata de Souza!
— Ebatata?
— Sim! Ebatata de Souza!
— Desculpe, senhor, mas eu não posso registrá-lo com esse nome.
— Por que não?
— Porque Ebatata não é nome de gente! Aliás, onde o senhor arranjou esse nome estranho?
— É que eu sou plantador de batatas!
— E daí?
— É que o meu vizinho é plantador de milho e colocou o nome do filho dele de Emílio!

LÍNGUA PORTUGUESA

— Mamãe, olha lá um "aroplano"...
— Aroplano, não, filho. É aeroplano.
— Olha lá um aeroplano passando perto do "aerobu".

O professor de Português, recém-chegado naquela cidadezinha, resolve fazer um terno. Ao passar por uma alfaiataria, ele lê o letreiro: "Arfaiataria Aguia di Oro". Ao entrar, ele cumprimenta o proprietário e, tentando ser gentil, faz um elogio:
— Parabéns! Gostei do nome que você colocou na sua loja. Águia de Ouro! É um nome imponente!
O caipira olha para ele com ar desconfiado e responde:
— Discurpi, seu dotô! Pode ser imponente, mas o sinhô falô errado. Não é "Águia di oro", é "Agúia di oro"!

No gabinete de identificação:
— Como o senhor se chama?
— Rubens Penrsthwinskorkivothsows.
— E como se escreve isso?
— Com S no final.

— Papai, você sabe escrever no escuro?
— Acho que sim. O que é que você quer que eu escreva?
— Seu nome no meu boletim.

— Chico, a sua redação sobre o cachorro está exatamente igual à do seu irmão!
— Está certo, professor, pois o cachorro é o mesmo.

— Zezinho, a sua redação está ótima, mas por que não a terminou?
— Ah, papai teve que sair.

LÍNGUA PORTUGUESA

Na escola, a professora pede para cada aluno fazer uma frase e no final escrever "Mãe só tem uma". Então, ela pede para Maria ler sua frase:
– Minha mãe me deu uma boneca. Mãe só tem uma.
– Parabéns! – diz a professora. Então, ela pede para Joãozinho ler sua frase, e ele diz:
– Minha mãe mandou eu pegar duas latinhas de refrigerante na geladeira e, quando eu abri a porta, gritei: "Mãe, só tem uma!".

– Professor, se Camões fosse vivo, ele ainda seria considerado um homem extraordinário?
– Sem dúvida alguma!
– Por que você acha isso, professor?
– Porque ele teria mais de 400 anos...

Época de Natal. A família toda reunida na varanda da casa comendo panetone e frutas natalinas. De repente, alguém pergunta para Doca:
– Você gosta de noz?
– Ora, que pergunta! É claro que eu gosto de vocês!

A professora diz aos seus alunos:
– Completem o seguinte ditado popular: melhor um pássaro na mão do que dois...
O Joãozinho grita lá do fundo:
– Elefantes!

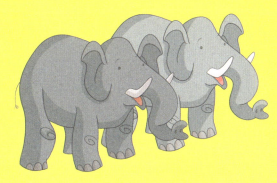

LÍNGUA PORTUGUESA

Professora: – Diga uma palavra que comece com H.
Aluno: – Agarrar.

O patrão para a secretária:
– Veja, um erro, aqui você escreveu "possui" com SS, mais adiante, com Ç. Corrija isto!
– Qual deles?
– Ora! O que estiver errado.

A moça se prepara para ir ao baile do ano de uma cidade do interior. Coloca seu melhor vestido, arruma-se, perfuma-se e lá vai, toda alegre. Ela senta em uma das mesas e fica ouvindo a banda tocar, quando um rapaz suarento vem tirá-la para dançar. Ela, para não arrumar confusão, aceita dançar com ele. Mas ele sua demais, e o cheiro começa a ficar insuportável. Ela então afasta-se um pouco dele, mas ele a puxa para perto. Delicadamente, a moça resolve falar com ele:
– Você sua, hein?!
E ele responde:
– Eu também vou ser seu, princesa!

A professora pergunta:
– Se eu digo "fui bonita", é passado. Se eu digo "sou bonita", o que é, Doca?
– É mentira!

LÍNGUA PORTUGUESA

O governador chama o secretário particular e fala:
— Marque uma reunião com todo o secretariado para a próxima sexta-feira.
O secretário pergunta:
— Sexta é com S ou com X?
E o governador:
— Antecipe para a quinta.

A professora diz:
— Juquinha, diga dois pronomes.
— Quem? Eu?
— Certíssimo, pode sentar!

— Doca, você estudou bem Gramática? Conhece o Português?
— Conheço, professora.
— Então, diga: o que são verbos auxiliares?
— Ah! Pensei que fosse o português da padaria.

Tarde da noite, o sujeito passa perto de um cemitério e ouve: pléc, pléc, pléc. Ele acelera o passo, mas o barulho parece aumentar. Curioso e assustado, o homem estica o pescoço por sobre o muro e vê um homem com um martelo e uma talhadeira, sentado em um dos túmulos, talhando a lápide.
— Puxa — murmura, aliviado. — O senhor me deu um susto e tanto!
— Desculpe — responde o homem, e continua o trabalho.
— Que coragem trabalhar uma hora dessas.
— Pois é, para você ver, escreveram meu nome errado e agora eu tenho que arrumar.

LÍNGUA PORTUGUESA

— Na frase "Pedro matou Antônio", onde está o sujeito?
O Doca responde:
— Provavelmente na cadeia.

O garotinho atende ao telefone. É o médico da família querendo falar com o pai do menino. Como o pai não está em casa, o médico pede para a criança anotar um recado.
— Espere um pouco que vou pegar um lápis para escrever — diz o menino.
Passados alguns instantes, ele retorna e diz:
— Espere um pouco, eu peguei um lápis com a ponta quebrada. Vou pegar outro.
Passados mais alguns instantes, ele retorna e diz:
— Pronto, já peguei um lápis com ponta. Mas, o senhor sabe de uma coisa, eu ainda não sei escrever!

— Pedrinho, por que você escreveu calor com acento circunflexo no "o"?
— Ora, o senhor mesmo disse há pouco que o calor se acentua!

A professora está ensinando o uso de pronomes e pede para o Carlinhos:
— Faça uma frase com o pronome "consigo".
E o Carlinhos:
— Eu não consigo correr muito.

LÍNGUA PORTUGUESA

O professor pergunta a Doca:
— Doca, ovo é masculino ou feminino?
— Depende, professora.
— Como depende?
— Primeiro tem que esperar o pinto nascer, pra saber se é frango ou franga.

A professora dirige-se a Doca:
— Diga rápido uma palavra que começa com a letra C.
— Vassoura! – disse o menino.
— E onde está o C?
— No cabo!

— Doca, o que quer dizer plural?
— Plural, professora, quer dizer a mesma coisa, mas em maior quantidade.

A professora de Francês escreveu na lousa: "Le lion est le roi des animaux", e pediu para traduzirem para o português.
Juquinha não teve dúvidas:
— O leão quis urrar, mas desanimou.

MIAU!

LÍNGUA PORTUGUESA

– Então, filhinho, o que você aprendeu na escola hoje?
– Aprendi uma porção de palavras novas, mamãe.
– Com a professora?
– Não, com os colegas.

– Joãozinho, por que é que a sua redação sobre o leite só tem meia página, e a dos seus colegas tem duas ou três páginas?
– É que eu escrevi sobre o leite condensado.

Um caipira vai visitar o compadre e, como tem intimidade, entra na casa sem bater. O compadre está sentado no sofá assistindo à televisão.
– Oi, compadre, firme? – cumprimenta o caipira.
– Nada, sô, futebor... – responde o compadre.

– No ano passado, no aniversário da minha namorada, dei a ela um colar de pérolas e ela me disse que não tinha palavras para agradecer. E este ano, o que devo dar?
– Ora, um dicionário.